裁判所の大堕落

冤罪を続発させ役人のいいなりになる腐敗組織

裁判官バッジ

まえがき

この本は、「病める裁判所（裁判官）の実態」と、役所ベッタリになっている「行政訴訟の実情」を明らかにするために書いたものである。

筆者はこれまでに、二〇件以上の行政訴訟（主に不動産と税金関連）を争ってきた。いまや、このジャンルの行政訴訟については、プロ顔負けの水準にあると自負している。

弁護士でもない筆者が本格的に行政訴訟に関わるようになったのは、平成初期における、土地に対する相続税や固定資産税の大増税（評価水準の引き上げ）がきっかけだ。この評価水準の引き上げは、不動産と税務の双方を専門とする者の目から見ると、あまりにズサンで理不尽なものだった。何よりその背景にある役所の発想やシステムが許し難かった。

そもそも不動産の課税評価額が時価を超過することは、法的に許されない。そこで筆者は、評価水準引き上げにより出現した時価超過物件の違法性に関して、訴訟を起こすことにした。裁判所の違法判決を得ることにより、行政の理不尽さを正そうと考えたわけである。

ところが、ここで大きな壁にぶちあたった。裁判の場で行政側の主張をことごとく論破することにより、評価の違法性をほぼ完璧に論証した。にもかかわらず裁判所は、理由にもならない理由で行政側を勝たせてしまう。そしてこうした敗訴が続いたのだ。

一方この過程で、役所がこうまでデタラメな行政をやる理由が分かった。行政の違法性について訴えられても、裁判所がみな無罪にしてくれるからなのだ。だから役所は安心して好き勝手な行政をやるのである。

「**こうした役所ベッタリの行政訴訟（判決）こそ諸悪の根源**」。こんな思いが募るとともに、裁判所への怒りがふつふつと沸いてきた。こうした怒りを原動力として、裁判についての研究を始めたわけである。

その過程で意外かつ驚くべき事実を知った。一般の裁判官は最高裁の恐怖政治によりがんじがらめにされており、行政を負かす判決を出す裁判官は大左遷されてしまうことである。

さらには刑事訴訟においても、検察官（行政側）の面子をつぶすような判決は出せないこと。だから起訴された刑事被告人で無罪判決を受ける者は限りなくゼロに近いこと。これに警察・検察の捜査の悪弊が相まって、今日においても冤罪事件が大量に発生していること、等々である。そしてこうした「病んだ司法」が連綿と続いてきたのである。

とはいえ、現状に怒っているだけでは改善はない。「司法はどうあるべきか。それにはどうすべきか」について考えていかなければならない。平成二十一年五月には「裁判員裁判」がスタートした。現時点では批判や不安・不満の声がかなり多い。しかし裁判所の実態を目の当たりにしている筆者は、祈るような気持ちで（さらには胸のときめく思いで）この制度に期待している。

本書は、こうした経験や研究を踏まえ、何のしがらみもない「法律の素人」の立場から、わが国の「諸悪の根源」となっている裁判所を批判したものだ。

本書の読者には、社会的な不公正を痛感されている方、行政のあり方に強い疑問・不満をお持ちの方、さらには冤罪事件や裁判員制度をきっかけにわが国の裁判について興味や疑問を持たれた方、何らかのかたちで裁判に関係した（これから関係しようとする）方、などを想定している。また本書は、法律の専門家にとっても読み応えがあるものと思う。
この本を通じて、現実の裁判所や裁判官の実情を知っていただき、一人でも多くの方が「病める司法の実態」に関心をお持ちいただけたら幸いである。

森田義男

平成二十一年七月

目次

第二章　裁判官はがんじがらめ――あまりに異様な裁判所のしくみ　83

第三章　あきれてしまう裁判官のお寒い判断能力　113

最高裁判所

序章　役所を助け冤罪をつくり出す許されざる裁判所

本書の内容は多岐にわたる。そこであらかじめこの序章で、本書の全体の要旨をお示ししておくこととする。

1 なくならないデタラメ行政

わが国では深刻な薬害事件が連綿と続いている。主なものでもサリドマイドに始まって、キノホルム、クロロキン、エイズ、そして最近のC型肝炎などである。

薬害事件の発生パターンはほとんど同じ。承認した薬に関して、外国等の情報により危険な副作用があることが判明しても、旧厚生省はその承認を取り消そうとしない。天下りOBを抱える製薬会社の利益を考えるからだ。そして薬害被害者の大量発生によりこれが社会問題化した段階で、やっと承認を取り消すのである。

しかし、役人の発想はどこも似たようなものだ。こうしたデタラメな行政を行っている役所は、厚労省だけであるはずがない。

考えてみれば、財務省は大借金を作り、実質的に国家財政を破綻させた。外務省は、対米追随の他はほとんど何も考えないまま眠りこけている。幹部による裏金造り等で組織が弛緩してしまっている警察、教育をダメにした文科省、無駄な高速道路やダムを造り続ける国土交通省、さらには社会保険庁の年金の取り扱いなど、もう枚挙にいとまがない。

結局のところ、旧厚生省が「国民の健康」を歯牙にもかけていないことからも分かるように、彼ら（特に上層部）は公務員本来の使命感を完全に失っている。単に**自身の「優越した心地よい人生」**を**追求**しているだけなのではあるまいか。

こうした上層部の体質は、役所の第一線の現場にも反映される。筆者が専門とする税務や不動産の実務の分野でも、役所に対して「ずるい・卑怯」と実感することが多い。そして世の中は、「役所とはそうしたもの」とあきらめている。

2 役所の悪事のブレーキ役は？

役人といえども日本人である。まじめで勤勉・清廉な国民性を有する日本人が、果たすべき使命に対してこうまで正反対のことができるのか。筆者は、かねてからこのことが疑問だった。彼らも役所に入るまでは、普通の常識人だったはずなのだ。

しかし、行政訴訟で負け続けていたある時、この疑問が解消した。

そもそも筆者を含め一般の人は、日ごろは自身の良心・倫理感をベースとして日常生活をおくっている。しかし人の心は弱い。時として、ズルや違法なことをやりたくなる。だから、それをくい止めるブレーキ役が社会には存在する。「親や上司に叱られる」から始まって、最大のものとしての「お巡りさんに捕まる」である。個々の良心に加えて、こうした**ブレーキ役が怖いからこそ、悪事を思いとどまる**のである。

では中央省庁の幹部はどうなのか。会計検査院の検査は多少ウルサイものの、力関係では省庁の方が上だ。肝心の部分の検査は骨抜きすることができる。

となると最大のブレーキ役は裁判所となる。デタラメ行政の違法性が裁判所で認められれば、役人といえどもギブアップせざるを得ない。

ところが裁判所は、行政訴訟（役所が被告となる裁判）については、絶対といっていいほど役所を負かすことはしない。稀に体裁上でそうすることはあっても、実質的には役所の痛手にはならないような配慮をする。つまり裁判所は、役所の悪行に対して免罪符を出し続けているのである

薬害が続く理由も同じだ。被害者が訴える裁判で、役所の責任者をすべて無罪にしてしまうのである。誰も牢屋になどに入りたくはない。だから**裁判所が当たり前の判決を出せば、薬害などピタリと止まる。**

結局、役所にはブレーキ役は存在しない。だから、役所は怖いものなしで、好き勝手な行政をやり続けるのである。

3　筆者による行政訴訟でわかったこと

筆者はあまり融通が利くタイプではない。つい「おかしいものはおかしい」と考えてしまう。だから納得のいかない事案は、審査請求や裁判といった争いに持ち込む。多くは不動産の税務評価に関するものである。

実はどの役所も、不動産については驚くほどの素人状態にある。だから彼らが作った評価規定は不出来な上に、その規定をご都合主義的に取り扱う。そして、法が定める「時価」をはるかに超える額で評価を行い、それに対して平然と課税するのだ。そこで、筆者は専門の不動産と税務の知識をフル動員して、その違法性を争うのである。

こうした争いの要領は、やっていくうちに会得した。その上で一〇〇％勝てるものを厳選し、これを執念で争う。となれば裁判は楽勝のはずなのだが、そうはいかない。実は本当の狙いは、個々の案件の勝ち

負けにあるのではなく、その背景にある不当・違法な行政システムをひっくり返すことにある。この意図は行政側も、さらには裁判所にも分かるようだ。となれば、裁判所は何としても行政を勝たせようとする。だから中には勝つことはあっても、その多くは敗訴となる。

しかしその判決文は無内容そのもの。しどろもどろともいうべき判決文を何度も見せられているうちに、遅まきながら、先に述べた「裁判所がブレーキ役を放棄したからこそ、役所がデタラメ行政を行う」ことに気づいたのである。

4　最高裁による裁判官への強烈な締め付け

では、なぜ裁判所はこのように堕落してしまったのだろうか。

戦後しばらくは、単なる行政追随ではない本来の司法の姿があった。しかし、政権政党から「偏向判決」への攻撃が始まり、それをきっかけに、最高裁は現場の裁判官を統制しはじめた。そして、その後も強権的な人事政策を行って、**裁判官をがんじがらめに**していったのだ。

裁判所は、法律判断をする以外は、とりたてて権限・権益を持っているわけではない。したがって、裁判所がその権威や立場を守るためには、強い力を有している外部の存在と友好関係を保つ必要がある。最高裁はその手段として、最高裁の「事務総局」に人事権を含む強力な権限を与え、司法行政を統括させた。そして行政訴訟においては、役所をはじめとする強い者を勝たせることとし、そうした判決を各裁判官に強制したわけである。

裁判官は最高裁事務総局によって、任地、地位、給料等のあらゆる面で、厳しい人事考課にさらされている。そして行政側を敗訴させる判決を出した裁判官は、それだけで減点対象となる。だから裁判官は身を守るためには、最高裁の意に沿う判決を出さざるを得ない。裁判官が上ばかり見るヒラメ（ヒラメの目は体の上に付いている）と揶揄されてから久しい。「裁判官の独立」という憲法の規定など、ちゃんちゃらおかしいのである。

5　常識に欠けるほとんどの裁判官

このような、役所寄りの司法行政は、裁判官が「ペーパー試験の優秀者に過ぎない」ことにも支えられている。勉強一筋であった彼らの多くは、一般に社会経験が乏しい。さらに裁判官には従順かつ素直な人のみを採用する。こうして、事務総局の管理や意向を行きわたらせる。

しかし、ともすると読者の方は、裁判官が法を普通に適用していけば、「意図的に役所を勝たせる」といった勝手なことはできないはず、とお考えになるのではあるまいか。

だが、裁判における最終判断は、「法をどのように適用するか」よりも、法を適用する前段階で「前提となる事実をどう認定するか」の方がはるかに重要になる。この認定しだいで、結論はどのようにも変わりうるのだ。

こうした判断力のベースとなるのは一般常識、社会通念である。そもそも法は、こうした社会通念を文章化したものともいえる。そして立派な社会通念は、豊富な社会経験によってこそ培われる。いくらペーパー試験をやっても身につくものではない。

一般に裁判官は、若いうちから勉強漬けの生活を送る。裁判官になっても激務に追いまくられる。日常は裁判所と官舎の往復のみで、夜中も休日も仕事に費やす。自由にものを考える余裕もほとんどない。こうして彼らは、ずっと社会と関わりの少ない人生を歩んできている。

もともと大勢順応派の上に、確固たる自己を確立しきれていない。そこに上から強烈な指示が出れば、無批判にこれに従うのは無理からぬことかもしれない。

その一方で、多くの裁判官は、外部の人間に対しては強烈なエリート意識を持っている。こうした裁判官から出される判決には、かなり常識外れのものも混入している。

結局のところ司法は重く病んでいる。これがわが国の司法の現状なのである。

6　ペーパー試験と高級官僚の思い上がり

話は少し変わるが、各省庁の上級公務員（キャリア）も、常識人が有する「良心・倫理観」が大きく欠けているようだ。原因の多くは、やはりペーパー試験であろう。

彼らは今の地位を、超難関な試験の合格のみによって得ている。また、試験に合格したが故に「優秀」とされ、大きな権限を付与される。さらに、さまざまな身分的な優遇（超特急の出世、失敗による責任の実質的な免除、天下り等々）を受ける。

しかし、ペーパー試験にやたら強いことと、その人間が本来の意味で優秀であるかどうかは別問題だ。そもそも上級公務員として求められるのは**「本来の強い使命感を有しこれを失わない人」**ではあるまいか。これらの有無はペーパー試験で測ることはできない。ペーパー的な頭の良さなど、ある程度あれば十分であろう。

学生の頃までは常識人であったはずの彼らは、おそらく役所に入所した新人の段階で「君たちはエリートだ」といった洗脳教育を受けるのであろう。そしてまわりも「優秀」という目で見る。となれば彼らもいつの間にか「そんなものか」と思ってしまう。こうして、実力のないままどんどん思い上がっていく。まさに「壮大な勘違い」である。これらによりデタラメ行政がまかり通るのだ。

ここでは詳しくは述べないが、どうやら彼らはキャリア公務員といった自身の立場を「階級」と思っているようだ。階級である以上は、失態を演じようが何があろうがその地位は守られる。また特に努力や競争をしなくとも、その階級から外されることはない。

これらは、先の戦争の惨禍が証明している。

日露戦争のころまでのわが国のリーダーは、使命感に基づきうまく国をリードしていったように思う。ところが、その後に帝国大学・陸軍大学出身というだけの無能なペーパー試験組が実権を握るようになってから、日本は一気に坂道を転げ落ちていった。その挙げ句が無謀な戦争である。優秀とされていた戦術・戦略もまるで幼稚であった。そして多数の国民を不幸のどん底に陥れたこうした人の大半が、戦後は多額の軍人恩給を受け取り、のうのうと過ごしたのだ。「良心・倫理観」もあったものではない。

7　恐るべき刑事司法の実態

「行政訴訟を何とかしなくては」。この思いから本書に取り組みはじめたところ、刑事司法に関して、以下のような腰を抜かさんばかりの事実を知った。

刑事訴訟は、検察官が起訴をした刑事被告人を裁判官が裁く場だ。しかし、被告人が裁判で無罪となれば、検察庁や検察官の黒星となる。無罪判決は彼らにとっての有罪判決なのだ。そこで、彼らは自身の人事考課を考え、しゃにむに有罪判決を目指す。早い話が、検察官はもう一人の被告人である。その観点から見れば、刑事訴訟は「被告を検察官とする行政訴訟」ということができる。

刑事司法には「**九九・九％**」というものすごい数値がある。検察官から起訴された刑事被告人の有罪率である。要するに、裁判官が検察側の事情を考慮してみんな有罪にしてしまうのだ。むろん、たびたび無罪判決を出すような裁判官は飛ばされてしまう。つまり容疑者は起訴されてしまえばおしまい。絶対といっていいほど無罪にはならないのである。

関係者は「検察が有罪になる事件だけを厳選して起訴しているから」などと弁解する。しかし、常識的にはこのような数値はありえない。最近（平成二十一年六月）も、「足利事件」の受刑者である菅谷さんが冤罪であるとして釈放された。また最高裁から平成二十一年四月に出された痴漢事件の無罪判決は、他の痴漢事件に相当数の冤罪があることを示唆している。

過去を振り返れば、昭和五十四～平成元年にかけて、「四大死刑再審無罪判決」（免田、財田川、松山、島田の各事件）がたて続けに発生している。

これらの発覚した事件のことを考えれば、無罪率は少なくとも数％はあるはずだ。つまり、無罪判決の数十倍の冤罪が発生していることが推定される。

冤罪に陥りやすいのは、警察が犯人と思われる者を別件で逮捕するパターンだ。後日それが誤りであると分かっても、警察は面子を考えて、強引に逮捕者を犯人に仕立て上げてしまうのだ。

まずは自白の強要。何週間も釈放せず毎日責めまくれば、容疑者は精神的にまいって「自白」してしまう。

おまけに容疑者に有利な証拠は隠す。必要とあれば証拠をでっち上げる。もっともらしい鑑定書も、御用学者等に依頼すればどうとでもなる。警察と持ちつ持たれつの検察庁もこの路線を踏襲する。

中には最後まで無罪を主張する人もいる。あるいは裁判で「自白」を翻す人も出る。いずれも「裁判官なら分かってくれるはず」と必死に訴える。裁判の「公正」を信じているからだ。にもかかわらず裁判官は、能面のような顔をして、ひたすら有罪へのベルトコンベアを回転させるのである。

8 マスコミの大罪

「にわかには信じられない」とお考えの方も多いと思う。その最大の原因は、このような冤罪を生み出す司法の構造を、大新聞などのマスコミがほとんど伝えないことにある。

とりわけ検察・警察の実態に関して、国民を目隠し状態にした罪は重い。その典型は、仕事の手抜きの象徴ともいうべきわが国独特の記者クラブの存在。いまや大マスコミの記者の多くは、自分の足で情報を取ることをせず、記者クラブなどの場で役所の発表するもの（さらには恣意的な情報リーク）を、ほとんど批判的な分析をしないまま右から左に流すだけなのだ。

これでは、マスコミは大きな情報源である役所に頭が上がらない。だから検察・警察にとって触れてほしくないことは報道しようとしない。**本来のマスコミの使命を放棄**しているのだ。

一方、週刊誌などのややマイナーなマスコミの一部には、ときにこうした警察・検察の悪事を精力的に追及した記事が出る。しかし司法や判決への言及はタブーであると考えているのか、批判はなかなか裁判所にまでは及ばない。

警察幹部とて冤罪は避けたいに決まっている。しかし彼らの耳には、裁判官から次のような悪魔の声が聞こえくる。「自身の面子を守りたいなら守りなさい。私が有罪判決を出してあなたを守ってあげますよ」。誰だって自分がかわいい。こうした誘惑には抗しきれない。まさに悪事のブレーキ役不在のなせる技である。

司法の惨状をただすべきはずの弁護士業界も、全般的には無力といわざるをえない。ともすると、司法試験合格者というギルドの一員として、これを擁護しているのではないかとさえ思えてしまう。司法修習所で受ける最高裁からの「洗脳」ともいうべき側面も、無視できないのではあるまいか。

9 裁判員制度に期待

ときあたかも裁判員制度がスタートした。この制度には賛否が入り交じっているものの、反対論の方がかなり強いようだ。しかしそれは、こうした司法の実態が知らされていないことにもよるものと思われる。

今回発足した裁判員制度が、多くの問題点を抱えていることは事実である。しかし筆者は、この制度への期待で胸をときめかせている。導入のきっかけが先の「四大死刑再審無罪判決」であることでも分かるとおり、新制度の根底には「いくら何でもこの司法を何とかしなくては…」という問題意識があるのだ。

とはいえ、これを所管する最高裁は、本音では裁判員制度などやりたいはずがない。当初は陪審員制度が予定されていたのだが、最高裁がここまで押し戻したのだ。さらに制度的にもいろいろ「妨害策」ともいうべき規定を織り込んでいる。

しかし、一般常識人が司法に参加すれば、驚くような捜査状況や裁判の実態を知ることになるだろう。

となれば、法律でいくら強権的な守秘義務を課したところで、病んでいる司法の実態は世の中に洩れてこよう。それが世の大関心事になれば、マスコミも積極的に取り上げることになる。一般国民が司法の実態を知れば、刑事訴訟は一気に変わってくるはずだ。世論の批判を浴びれば、裁判所はギブアップ状態になる。批判内容が妥当である以上、警察や検察もどうすることもできない。

となれば、やがて行政訴訟も世論の関心の対象になっていくだろう。実は**行政訴訟こそ、一般常識人の判断によって決められるべき**ものなのだ。そうなれば、役所も変化せざるを得なくなり、世の中は一変するはずなのである（事実、すでに変化のきざしが見えている）。

裁判員制度は、まちがいなく厚い壁の突破口となりうる。筆者は、祈るような気持ちでこの制度に期待している。

第一章　「役所の味方」「庶民の敵」になりさがってしまった裁判所の実態

1　次々に発覚している冤罪事件と裁判所の責任

◆足利事件

平成二十一年六月四日、「足利事件」で無期懲役の判決を受け服役中だった菅谷利和氏の冤罪が明らかになった。報道された内容を子細にみると、裁判所や捜査機関の病巣が透けて見えてくる。そこで、最初にこの事件を取り上げることにしたい。この事件は、本書のテーマである「役所ベッタリの行政訴訟」を考える際の、分かりやすい題材となるからである。

もちろん足利事件の裁判は刑事裁判であり、本来の意味での「行政訴訟」ではない。しかし第四章でくわしく述べるとおり、検察庁は、起訴した被告に無罪判決が出ると面子が潰れると考えている。そのため検察は、起訴した者は何が何でも有罪に持ち込もうとする。つまり「負けると役所の立場がなくなる裁判」という観点からみれば、**刑事訴訟は、被告人を検察庁とする行政訴訟**ということができる。

・事件の概要

平成二年五月、栃木県足利市で四歳の女児が殺された。当時、類似の女児殺人事件がすでに二件発生しており、社会的な不安が募っていた。県警は二〇〇人体制で臨んだが、容疑者を絞り込めず捜査は難航した。

そうした状況の中で警察は、女児が遊んでいたパチンコ店に通っていた菅谷利和氏をマーク。血液型等が同じで土地勘もある菅谷氏に疑いを抱いたからだ。しかし一年間も尾行したが不審な点は出なかった。

それでも県警は、菅谷氏が捨てたゴミを採取し、それを警察庁科学警察研究所（科警研）に送る。当時捜査に導入されて間もないＤＮＡ鑑定を依頼したのである。間もなく科警研からそれが「犯人の残した体液と一致した」との報告を得ることになる。

そこで平成十三年十二月一日の早朝、菅谷氏に任意同行を求め、警察署内の一室で、「証拠がある。おまえがやっただろう」と執拗に追及する。その結果当初は強く否定していた菅谷氏は、その日の午後十時ごろに「自供」し、その場に泣き崩れた。菅谷氏は「刑事の取り調べが厳しく、怖くて〝やった〟と言ってしまった」と語る。

菅谷氏は、一審の裁判の途中で否認に転じる。それでも裁判所は、ＤＮＡ鑑定や自白は信用できるとして、求刑どおりの無期懲役刑を宣告。そして二審も最高裁もこの判決を支持し無期懲役が確定した。

しかし弁護側はその後「当時のＤＮＡ鑑定は極めて不備であり、今日の精度の高い手法で再鑑定すべし」と再審請求を行う。その結果、やっと平成二十年末になって東京高裁が再鑑定を指示する。検察側、弁護側それぞれが推薦する鑑定人が鑑定した結果、双方ともに「犯人のＤＮＡと一致しない」との結論が出された。

となれば、どう考えても菅谷氏は無罪となる。そこで検察庁もこれを認め、再審裁判を待たず刑の執行の停止という形で、平成二十一年六月四日、菅谷氏の異例の釈放に踏み切ったわけである。

・無実の人を強引に犯人に仕立てる捜査機関

この事件は、捜査当局の病巣すなわち**「自身の威信のためには、一般人の人権など歯牙にもかけない」**

ことを如実に示している。

栃木県警は当時、事件後一年半が経過しても犯人逮捕に至らないことに焦りの色を濃くしていた。類似の二件の女児殺人事件の未解決もあり、「警察は何をしているのか」という批判にさらされていたのだ。

こうした苦境に陥ると、警察は少なからぬ場合に得意技を持ち出す。まずは見込み捜査で目星をつけた容疑者を別件逮捕などで身柄を抑える。そこで、とことん心理的に追い詰め「自白」させてしまう。そして「犯人逮捕」を発表し威信を守るのである。

となればその後において、それが無実と分かっても強引に犯人に仕立てるより他なくなる。冤罪発生の典型的パターンである。

足利事件もまったく同じだ。ただしこの事件では、「一〇〇〇人に一・二人」の確率で識別できると当時考えられていたDNA鑑定の一致、という錦の御旗があった。そうであれば「自白」の時点で、警察が菅谷氏を真犯人であると思ったとしても不思議はないのかもしれない。

しかし苦しまぎれに「自白」した菅谷氏には、さらなる難題が待ちかまえている。やってもいない殺人の経緯・状況の説明である。これをやらない限り、恐ろしい刑事から解放してもらえないのだ。そこで刑事からヒントや誘導を受けながら、必死にストーリーを考える。行ったこともない殺人現場にも連れていかれ、説明を求められる。

ところがそうして作り上げられた供述内容の裏付け捜査をやってみれば、当然ながら矛盾だらけ。まずは、供述した殺害方法と被害者の解剖所見が食い違う。自転車で走ったとされるコースは人目につきやすい。だから周辺住民は、「そんな時間に女児を乗せて自転車で走れば、目について多くの人が気づくはず」

というのだが、目撃者は出てこない。さらにその後にコンビニに寄って買い物をしたというのだが、コンビニのレジにはその形跡がない。このほかにも、矛盾は山ほどあったのだ。

こうした歴然たる事実や菅谷氏の立居振舞いをみて判断すれば、彼が真犯人ではないことは警察にも分かったはずだ。ちなみに再審に尽力した佐藤博史弁護士は、刑務所で初めて菅谷氏の顔を見た瞬間、「この人は無罪だ」と確信したという。要するに警察は、無罪を承知の上でひたすら彼を犯人に仕立て上げ、自身の威信・立場を守ろうとしたのである。

驚くべきことに、警察は別の二人の女児殺害までも「自白」させている。何の関係もみられない事件の罪も彼になすりつけ、「一件落着」に持ち込もうとしたのだ。しかし捜査員は一年間彼を尾行している。そこからは連続女児殺人をやるような異常性はみられなかったはずだ。ここまでくるともう無茶苦茶である。

しかしさすがに検察庁は、過去の二件に限っては不起訴とした。であればこの件の「自白」も疑わなければならないはずだ。しかし警察と検察はある面で一心同体。警察のズサン捜査を承知の上で、ひたすら冤罪路線を走ったのである。

ところで有罪の根拠とされた科警研のＤＮＡ鑑定は、本当に犯人のものと一致していたのであろうか。今日に比べれば確度が低いとはいうものの、当時でも「一〇〇〇人に一・二人」の精度を誇っていたというではないか。この事件は「一〇〇〇人に一・二人」という偶然に該当したのだろうか。

その疑問は、弁護側の依頼により再鑑定した本田克也筑波大学教授による次の発言で解消する。同教授は、科警研の当初の鑑定書に添付されていたＤＮＡ型を示す写真を見た上で、「これでよく同じ型であるといえたな」と思ったというのである。

つまりこの「一致」は、「苦境に陥っていた警察組織を守らなければ（さらには、栃木県警を助けたい）」とするプレッシャーに押された結果の、人情味ある「科学的判断」であったと思われる。

いや実は、その背景にはもっと「役人らしい」理由があったようだ。月刊『ウイル』誌平成二十一年八月号の「足利事件冤罪の構図」とする記事で、日垣隆氏が次のような論旨を記している。「検察庁は当時、大蔵省にDNA型鑑定機器導入の初年度概算請求を懸命に行っていた。そしてDNA鑑定により菅谷氏から自白を得たことが、この予算獲得の決定打となった」というのだ。担当者はこれにより警察庁長官賞を得たという。役人の性というべきなのであろう。

・検察を九九・九％勝たせる裁判所

それでは、本書の本来の対象である裁判所は「足利事件」にどのような責任を負っているのだろうか。

まず、はっきりしているのは、「裁判所は、国の機関が訴えられた場合には、ひたすら国を勝たせる。刑事裁判の場合も、国の機関である検察を勝たせる」ことである。つまり、裁判所は検察庁の面子を守るために冤罪を作り出しているといってもよい。裁判所の責任は重い。

驚くべき数字がある。最高裁の公表している統計を基に計算すれば、**刑事裁判の有罪率は何と九九・九％**。しかもここ十年くらい、この数値はほとんど変わっていないのだ。

しかし最近になって、足利事件以外にも富山の強姦事件（詳細は後述）や鹿児島の選挙違反事件など、警察の自白偏重による冤罪が次々と明らかになっている。そのことから考えれば、おそらく「〇・一％」

という無罪事案の数十倍の冤罪・誤判が発生していると推定できる。

冤罪発生の最大の理由は、「どんな荒っぽい捜査をしても、起訴してしまえば裁判官が有罪にしてくれる」という「信頼感」ではないか。裁判所がまともな裁判をやれば、警察や検察は妙な捜査・取り調べができなくなる。誤判や冤罪は一気に減るのである。

足利事件についても、こうした検察・警察寄りの裁判が行われている。驚くべきは上告審における最高裁の対応だ。DNA鑑定の精度の飛躍的な進歩を踏まえ、弁護側は手紙に潜ませた菅谷氏の髪の毛を数本入手。これを新技術に基づくDNA鑑定に付し、「犯人のものと一致しない」という結果を得た。そしてこれを根拠に、最高裁に「精度の低い当初のDNA鑑定は誤り」を主張したのだ。

「ものは試し」。そこまでの事実が示された以上、再鑑定をやってみればいいではないか。常識人なら誰もがそう考えるだろう。しかし最高裁はにべもなく「その必要なし」として、捜査機関や一・二審判決の面子を守る。そして、平成十二年に上告を棄却し無期懲役判決を確定させたのである。

ところで弁護側は平成二十一年六月十二日、再審裁判の場に科警研の当時の検査担当者を証人尋問したい旨の意見書を裁判所に提出。冤罪発生の原因を究明すべきとした。これに対して東京高裁は同十六日に、その必要性を認めず迅速な再審開始決定を優先するという動きを示している。

この足利事件の最大のポイントは、裁判所が将来に向けて冤罪発生を阻止しようとするかどうかである。

足利事件への世論の盛り上がりを背景にすれば、いかに警察・検察に不評であっても、裁判所がその気になりさえすれば捜査手法の大改善を促すことは十分可能なはずなのだ。それは裁判所の当然の責務でもある。

しかし裁判所はそのような気は全くないらしい。相変わらず「違法・不当な捜査で、しっかり自身の面子を守りなさい」と言っているのである。

◆警察のでっち上げ「高知白バイ事件」

もう一例「冤罪事件」についてみていくことにしよう。「高知白バイ事件」としてインターネット上などでかなり有名になっている事件だ。筆者はそれ以前の早い段階で、たまたま外食した際の食堂で目にした『フライデー』誌（平成十九年十一月二十三日号）に掲載されていたことでこれを知った。なお、この事件はその後一部の週刊誌やテレビ（ＫＳＢ瀬戸内海放送やそのキー局であるテレビ朝日）などでも報道されている。

・事件の概要

平成十八年三月の昼、二十数名を乗せた中学校のスクールバスが、駐車場から大通りに直角にゆるゆると出てきた。そして右折のタイミングを図るために道路上に停車していた。そこに右側から走ってきた白バイがバスの右前方に衝突し、隊員は投げ出され死亡してしまった。

バスが停止していたことは、複数の証言から明らかである。しかし警察は面子（はっきりいえば幹部の保身）を考える。バスが急に道路に出てきたとして、スクールバスの運転手である片岡晴彦氏を逮捕してしまった。そして検察庁も、非は全面的に運転手にあるとして片岡氏を起訴したのである。

このとき、バスに乗車していた中学生および引率教諭は、声をそろえて「止まっていた時に横からドシーンときた」と言う。さらにはマイカーでバスに後続していた校長先生が、「バスは停車していた」と法廷で明快に証言している。それでも高知地裁は、これらの証言は信用できないとして、片岡氏に禁固一年四カ月の実刑判決を下した。

有罪の決め手は、バスの強烈な急ブレーキ痕（長さ一～一・二メートル）の写真だ。この写真は事件八カ月後の検察での取り調べ時になって突然片岡氏に提示された。むろん片岡氏は、停まっていたバスがブレーキ痕を残すわけはないと否定したが、それが有力な証拠とされてしまったのである。

しかし、仮に警察側の言うようにバスは動いていて急ブレーキをかけたとしても、駐車場からゆっくり出てきたバスのブレーキ痕が長さ一メートルにもなるわけがない。実際に同型のバスでの実験も行われたが、どんなに急発進・急停止をしても、ほとんどブレーキ痕がつかないことが確認されている。

これらの事実や証言を総合して考えれば、このブレーキ痕の写真は警察の捏造であることは明らかである（片岡氏はこのブレーキ痕が捏造であるとして、捜査員を告発している）。弁護側は警察・検察の主張の矛盾点を立証している。にもかかわらず、裁判では警察・検察側の証人、証拠のみが採用されて有罪判決が下されてしまったのだ。

高松高裁での控訴審は、こうした各種の証拠や証言を何ら検証することなしに、わずか三〇分で即日結審（審理を終了すること）。後日の判決で控訴を棄却（一審の判決を支持）した。その後も最高裁まで争ったが、平成二十年八月に有罪が確定してしまった。

禁固という実刑は、事故歴のない運転手には異例の重罰といえる。判決文ではその理由として、「反省が不十分」を挙げているという。

・典型的な検察寄り裁判

ところで筆者は、『フライデー』誌を読んだその段階で、「この事件が警察のでっち上げである」と確信した。そして数日のうちに、この本の白バイ事件に関する部分の原稿を書き上げた。判断の理由は、この種のやり口が警察の常套手段であることをよく知っているからだ（記事の内容もしっかりしている。第一これが誤報であれば警察が黙っているはずがない）。そしてこの判断が正しかったであろうことは、その後の事件の推移をみると一層明らかになっている。

とりわけ各種の目撃証言と、それらに対する裁判官の判断内容が事件の本質を物語っている。

「たまたま対向車線を走っていた」別の白バイ隊員（警察・検察側証人）は、次のような目撃証言を行う。「ぶつかった白バイのスピードは時速六〇キロくらいだった」「バスは時速一〇キロくらいで動いていた」。その一方で、衝突した白バイの後続車の運転手からは、「白バイは時速一〇〇キロ以上で走っていた」とする目撃証言がなされている。また前述のように、バスに乗っていた中学生や引率教諭、そしてバスの後ろにいた校長先生らは、「バスは停まっていた」「まして急ブレーキをかけた事実などない」と証言している。

これらに対して裁判官は、「対向車線から見た」という白バイ隊員の証言は速度まで（六〇キロくらい）証拠採用する。その一方、衝突した白バイの後ろにいたドライバーの証言（一〇〇キロ以上）は、（生徒や先生の証言とともに）却下してしまう。その理由は「第三者だからといって、証言が信用できるわけではない」のだそうである。

まさに**八百長裁判の典型**。要するに裁判・判決など何とでもいえるのである。

これらを前提に、この事件と刑事裁判の問題点について論評したい。

第一に、**警察によるでっち上げは高知だけでなく日本全国どこでも行われている**。高知県だけが特別なはずはない。たとえば、鹿児島では平成十九年に県議選での選挙違反でっち上げ事件が明らかになった。そのほかにも実例は多数ある。

第二に、警察と検察が完全にグルになっていることだ。警察が犯罪者を処罰するには、関係書類とともに容疑者を必ず検察庁に送る（身柄送検）。そこで検察官が起訴すべきか否かの判断のために、再度事件を捜査し容疑者に事情聴取をする。したがってこの過程で、警察によるでっち上げ事件であることはすぐ分かるはずだ。しかし警察と検察は持ちつ持たれつ。警察の面子のためにも、検察庁は有罪に持ち込むべく裁判所に起訴するのである。

第三に、いくら不出来な裁判官であっても、これが捏造であることが分からないはずはない。しかし検察庁という役所の面子のために、一気に有罪にもっていってしまう。警察・検察そして裁判所は、自分たちの面子・立場をひたすら守る。そのために発生する冤罪、無実の犯人にされる人の人生など気にするところではない。

第四に、しかし世の中は後述する「裁判所主犯説」的な本書のような見方をしていない。意欲的な『フライデー』の記事でさえ、批判の対象はほとんど警察で、裁判への批判はわずかなものに過ぎない。

しかし、警察には裁判所が捏造や偽証を許してくれるという確信があるからこそ、こうしたでっち上げを行う。裁判所が日頃から当たり前の判決を出しているのであれば、こんな犯罪的行為などできるわけがない。世の中はこうした本質を見失っているように思えてならないのである。

・大マスコミへの批判

もう一つ、このような仕組まれた冤罪事件が起こる背景要素として、大マスコミの責任を指摘しておきたい。

「高知白バイ事件」のような事件は、大マスコミはほとんどまともに取り上げようとしない。各マスコミの高知支社は、この事件を把握していたはずであるにもかかわらずである。ただ、香川・岡山をエリアとするKSB瀬戸内海放送の記者が、高松高裁で行われた控訴審をきっかけにこの事件に不審を抱き、関係者に徹底取材をしてかなりの程度まで事実を明らかにしている。

KSB瀬戸内海放送はテレビ朝日傘下であることから、テレビ朝日も「ザ・スクープ」や「スーパーモーニング」などで何度かこの事件を取り上げており、警察側の証拠が疑惑だらけであることが報道されたが、他局や大新聞は沈黙したままだ。

その理由は、記者クラブ制度を象徴とする大マスコミと役所（警察・検察を含む）の癒着構造にある。大マスコミは記事のほとんどを役所の発表を基に構成している。役所はマスコミに不利なことを書かれたくないから、ひたすら彼らを味方に付けようとする。情報のリークもその一環である。

となると、こうした警察の大黒星を報道するようなマスコミに対しては、警察は有力情報を流さないようにしてしまう。そうなれば報道した社は情報面で干上がってしまう。これが怖いから、役所（警察）に不都合な記事は載せない。

大マスコミが、こぞってこの事件を発生直後に正当に報道していたら、裁判は無罪になっていた可能性が高い。この内容であればニュースバリューはそれなりにあるはずだ。ワイドショーあたりで各社が競って「警察はズルイ」と取り上げれば、かなりの視聴率が稼げよう。

こうして真っ当な世論が盛り上がってしまえば、裁判所はこれに抗することができない。世間の注目の中では、今回のような露骨な警察寄り判決など出せるはずがない。本来は非力な裁判所は世論を敵に回すようなことはできないのだ。

ということは、大マスコミも裁判所などが行っているデタラメの共犯者というべきである。彼らもこうした事情を理解しているはずだからだ。なにより「ズルイ警察の実態」を日ごろから正当に報道していれば、警察は証拠の捏造や自白の強要などはできなくなる。権力の一翼を担っているとさえいわれる**大マスコミも同罪**といえるだろう。

それにしても、「反省していないから実刑という重罰を科す」という判決は本当に恐ろしい。反省というのは、「私がやりました。申し訳ありません」という「自白」を意味する。そして「反省」していれば当然に執行猶予が付いていよう。要するにこの実刑は、「どのようなことがあってもお上に逆らってはならない。逆らうとこのような目に遭わせるぞ」という見せしめのようなものなのである。

・**裁判所主犯説**

無実の人を「自白」させ、証拠の捏造をした上で起訴する警察・検察。これらをほぼ承知の上で強引に有罪判決を下す裁判所。どちらも許し難い存在ではあるが、はたしてこの両者のどちらがより悪質なのであろうか。これを考えるに際して、まず次のたとえ話をお示ししたい。

長年のアル中生活に苦しんだ末に、やっと禁酒を決意しこれを実行しはじめたA氏がいる。ところがなぜかB氏が、A氏の目の前に酒を置いたまま、A氏を一人っきりにしてしまった。その結果A氏はつい誘惑に負け、その酒を飲んでしまった。中毒症状の再発である。さてこの場合、症状再発の責めは主に誰が負うべきか。

筆者はこう思う。確かに誘惑に負けたA氏が悪いのは事実である。しかしそれ以前に、飲酒を誘発するようなしくみを作ったB氏の方が、はるかに罪深いのではあるまいか。

お分かりとは思うが、筆者は、A氏が警察・検察といった捜査機関、B氏が裁判所に該当するのではないかと考えている。

もちろん警察の幹部は、自白の強要や証拠の捏造が許されないということなど、先刻承知である。しかし自身の欲のみならず、組織の一員としての立場もある。つい「でっち上げで切り抜けることができたら…」などと考えてしまう。

本来こうした人の弱い心が顔を出した場合でも、後述する「ブレーキ役」があれば何とか思いとどまることができる。しかしそのブレーキ役である裁判所が、これをフリーパスにしてくれる。こうして誘惑に負けてしまうのだ。

であれば、ブレーキ役という本来の責務を放擲した裁判所の方が、はるかに罪深い存在となる。裁判所は何食わぬ顔をしつつ、警察・検察を悪事に誘い込む環境を作っている。これが冤罪多発の真の源であるように思うのである。

筆者はこうした**「裁判所主犯説」**を唱えたい（むろん警察の悪事は許されざるもので、裁判所が「主犯」だからその罪が減少するといっているわけではない）。後述する本来の行政訴訟を含め、裁判所は諸悪の根源ともいうべき存在になっているのである。

2 法律の素人が行政訴訟に関わるようになったわけ

以上の二つの刑事事件で、今日の裁判がいかに歪んでいるかについてご理解いただけたと思う。そしてこれは、広い意味の行政訴訟（刑事訴訟を含む）の共通の病理現象となっている。

そこで次に、もともと訴訟とは縁のなかった筆者がどうして行政訴訟に関わるようになったのか。さらには実際に行ってきた裁判はどのようなものであったのか、などについて述べることにしよう。なお筆者は特段の政治思想を有していない。「右」でもなければ「左」でもなく、読売新聞を購読紙とし『週刊新潮』をこよなく愛する一般人である。

◆第一号裁判まで

・会社生活

筆者は都立豊多摩高校を卒業後、一浪を経て、昭和四十三年に東京教育大学の文学部社会科学科（経済学専攻）に入学した。要するに経済学部（法学部ではない）である。しかしその四年間まったくといっていいほど勉強しなかった。入学直後にとんでもない大学紛争があった（やがて大学はこれにより閉学）のと、マルクス経済学がちっとも面白くなかったことによるもの（本当の理由は怠け心）であった。

それでも四年生になって民法というものを知り、そのおもしろさもあって少しばかり勉強した。さらに

「いくら何でもこれでは就職先に申し訳ない」と思い、十月からは大原簿記学校で簿記の勉強をはじめた。

昭和四十七年の卒業の後は、三井信託銀行に一六年間勤めた。最初は窓口業務や融資業務といった普通の銀行員をやっていたが、その後の約一〇年間はずっと不動産を担当した。一〇年も不動産を担当すると、もう完全な「不動産屋」である。

ところが、やや我が強く協調性に欠けていたからであろう、筆者は当初から会社という組織にいまひとつ溶け込めなかった。そのこともあってか、入社二年目の夏からまた大原簿記学校へ通い(当時は仕事が楽で、六時一〇分からの授業に間に合うのだ)、税理士の受験勉強をはじめた。結局六年かかったが、税理士と不動産鑑定士の試験に合格できた。

会社で経験させてもらった融資業務と不動産業務は、大いに勉強になった。特に不動産は現場での実務経験が勝負だ。おかげでかなり力がついたように思う。また会社勤務によって、いい面での厳しさや、えもいわれぬ組織のいやらしさを経験できたことは本当によかったと思う。

ただし会社生活ではたいした実績は残せなかった。まずは「納得しないと前へ進めない」という頭の固さ。さらにいわゆる「エエカッコーシイ」で、あくまでもお客第一で考えしまう。これでは営業面でいい数字は得られない。協調性がいまひとつで業務成績もたいしたことがないことから、出世にはほとんど縁がなかった。

結局、バブル絶頂期の昭和六十三年の四月末(ちょうど四〇歳)で会社を辞めた。とはいえ、まだ終身雇用全盛期における、かなりの高給を棄てた上での中途退社。税理士等の資格があるとはいえ何の当ても保証もない。我ながらよく清水の舞台から飛び降りたものだと思う。

・税理士生活

退職後は税理士業を開業したものの、お客はいないは実務もいまひとつ分からないはで、当初はどうにもならなかった。一方、辞めた年の一月には三番目の子供が生まれており、そのミルク代を含め月に四〇万円を稼がないと生活が成り立たない。ローンは完済していたものの預金は二〇〇万円程度だから、目が血走っていたものだ。

しかし、少し縁のあった近代セールス社という金融機関の向けの出版社などから、税金等の勉強会の講師依頼がかなり舞い込んできた。自慢ではないが筆者の話は分かりやすい上に面白い。あっという間に大人気講師となり、ここからの収入で生活は十分成り立つことになった。

それやこれやで税理士業も何とか動き出した。とはいえ石を投げれば税理士に当たりそうなこのご時世、特色を出さなければどうにもならない。筆者の場合は不動産が強みだ。したがって「不動産屋が税金屋になりました」をキャッチフレーズに、不動産がらみの税制（つまり相続税や譲渡所得といった資産税）に特化した。

実は、世の中のほとんど全ての人は、不動産のことを全くといっていいほど知らない。金融マン、弁護士、税理士、国税当局といった不動産を知らなければまともな仕事ができないはずの人も同様なのだ。

理由は主に二つ。一つは、世の中が全般的に不動産を軽視する傾向があること。もう一つは、不動産は現場の経験がモノをいう、いわば「実技」に属することである（机上の勉強だけでは通用しない）からだ。

そんな状況の中で、「納得しないと前へ進めない」筆者は、多種多様な不動産の現実とその税務実務への応用について、じっくり納得しつつ前へ進んでいった。そして細々ながら実務をこなすことにより、徐々に実力を付けていったように思う。

・土地評価の問題

ところで筆者のような「不動産屋上がりの税金屋」はほとんどいなかったのだろう。当時の税務の世界では、不動産の評価の重要性は全く理解されていなかった。それは相続財産における土地の評価規定をみれば一目瞭然。その稚拙なレベルに、筆者は驚いたものだ。

このあたりの事情を少し説明させていただく。

そもそも相続税は、故人が残した財産の額に対して課税する。したがって遺産を評価する必要があるが、預金等の評価は簡単であるとしても不動産となるとそうはいかない。

ところが、納税者や税理士さらには税務職員は、不動産に関しての素人。そこで国税当局は、こうした人たちが簡単に使いこなせるような安直な評価規定を作った。評価規定の基本は簡便性、画一性、安全性の三原則。

とりわけ法律が「時価で評価すべし」と定めているため「安全性」(低めに評価する)は重要となる。簡便な評価規定による評価額はかなりぶれる。しかし評価額が時価を超える**逆転評価**は違法となる。したがって、土地評価の基準となる「路線価」を本来の時価の三割程度と低くする、といった手法により、評価の水準を低めに(つまり安全に)することとしたのである(ただしその分、税率を高くすることにより税収は確保する)。

しかし「安全性」に油断したのであろう。本来はしっかり減額すべき欠点のある土地についての調整(面積、地形、接面道路など）を、大雑把かつわずかなものにとどめてしまった。これでは、面積がかなり広大、地形が相当に不良といった大きな欠点があると、それだけで時価を超える逆転評価になりかねない。

たとえば図1のA地の単価を一〇〇としたときに、皆さんはB地の単価をいくらだと思うだろうか。買い主としてみた場合、いくら高くとも六五だろう。であれば、この六五が評価すべき時価となる。時価とは売りに出して売れる値段のことだからだ。しかし、役所はこれを九五で評価せよというのだ。

また、広すぎる住宅地も一般に減額の対象である。たとえば、住宅地域に一〇〇〇坪の土地があるとする。この場合、個人では使い切れないので、開発事業者が取得し分割して消費者に分譲することになる。その際には、開発道路を造成して区画整理をし、それぞれに上下水道やガスを整備しなければならない。こうして整地された五〇坪の土地の単価を一〇〇とすれば、元の一〇〇〇坪の土地の時価（開発会社の買い値）は、一般に半値（五〇）以下になる。

ところが、こんな場合でも、相続税評価では広い土地の減額幅は最高でも二割減。地形による減額も最大三割減止まりで、実際の取引価格とかけ離れていたのである。

こうした「**手抜き評価**」の上に、当局の「**勉強不足評価**」が加わる。彼らには都市計画法や建築基準法といった、極めて重要かつ初歩の知識が欠落している。現実の不動産は、これらの法律によって強烈な規制を受けているにもかかわらずである。

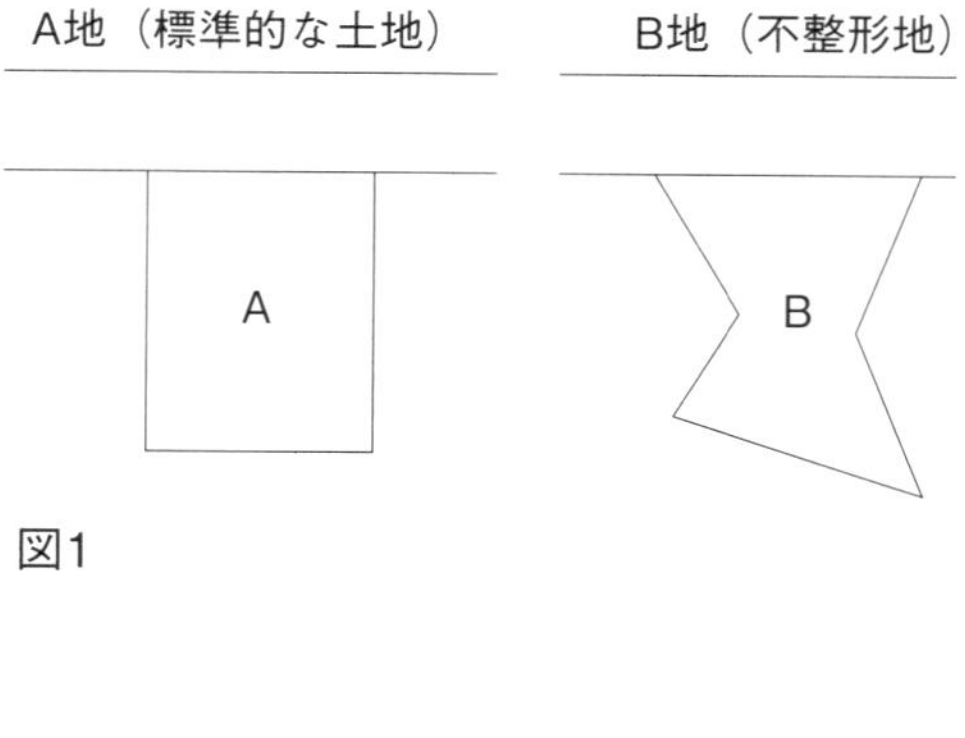

図1

その土地に建物を建てていいのかどうか（「接道義務の規定」など）、建物の大きさはどこまで認められるか（建ぺい率・容積率）など、法の規制によって不動産の価値は致命的影響を受けることすらあるのだ。ところが「評価規定」にはこれらの法の規制を反映した項目がない。それやこれやで、逆転評価は当時そう珍しい存在ではなかったのである。

・争いへの流れ

評価水準を低く抑えることにより無難に切り抜けていた土地の評価も、平成に入るころに問題に直面した。地価バブルをひとつのきっかけとして、相続税評価の水準が急激に引き上げられていったからだ。そしてついに、平成四年からは公示価格（路線価より実態に近い。当時はほぼ時価と同水準）の八割まで引き上げられてしまった。相続税評価額を「公示八割」とするこの基準は、今日でも維持されている。

だがそもそも、低評価水準だったからこそ大雑把な評価や高税率が許されていたのだ。このベースが、時価の約三割から約八割と二〜三倍に引き上げられてしまったのだから、問題が発生するのは当然である。現に、癖のある（何らかの欠点を抱えている）土地の多くは、評価額が軽く時価を超えてしまった。まさに違法評価のオンパレードとなったのだ。

そこでこれらの実態を示すべく、平成四年にその名も『怒りの「路線価」物語』とする本を出版（ダイヤモンド社）した。

内容は、現実の不動産のしくみや評価のあり方を各部門（地形、面積、容積率、接道義務、2項道路、私道、借地権・底地、崖地、建物等々）ごとに説明し、これらが相続税でどう評価されているかを、分かりやすく述べたものだ。この本はこの業界（とりわけ国税当局）に大きな影響を与えたようだ。

◆固定資産税裁判

・固定資産税問題の発端

そうこうしているうちに、今度は土地の固定資産税評価に同じような問題が生じた。

固定資産税は、不動産等の所有者に対して市町村が課税する税である。課税評価の考え方は、ほとんど相続税と同じだ。つまり簡便性など評価の三原則に基づき総務省が作成した「評価規定」（固定資産評価基準）により評価する。そして、大雑把な評価でも時価を超えないように、土地の評価水準を時価の一～二割程度と低く抑えていた。

ただし相続税とは一つだけ大きな違いがある。それは、固定資産税の評価・課税は役所の側が一方的に行う「賦課課税制度」になっていることだ。つまり、納税者は、一方的に役所から送られてくる納付書により納税するだけ。これに対して相続税は、納税者（税理士）が自身で評価して申告する「申告納税制度」となっている。

つまり各市町村は、固定資産税を徴収するために、その責任において市町村内の全ての土地・家屋を評価しなければならない。これは気の遠くなるような膨大な作業となる。したがって評価の正確性など二の次、三の次。とにかく簡便性一点張りで評価作業を乗り切るよりほかない。ついでにいえば、評価は三年に一度。毎年の評価は無理だからだ。評価の性格上、これらはやむを得ないというべきであろう。

さて、地価バブルは固定資産税評価にも大きな影響を与えた。これによる「評価の適正化」等の名目で、平成六年から土地の評価水準が公示価格の七割に引き上げられた。この「公示七割」化によって、全国平均の固定資産税評価額は一気に四倍に急増してしまったのだ。

固定資産税は、その評価額に一・四％という比例税率を乗じて算出する。したがって評価額が四倍になれば税額も四倍になってしまう。だから当然税率を下げるのかと思っていたら、税率は下げようとしない。そして、統計操作により引き上げ幅は「三倍」といつわり、これを前提として「負担調整率」というマジックを使ってかなりのペースで税額を引き上げていった。まぎれもない事実上の大増税である。

旧自治省は、これ以外にもまやかし・ごまかしを連発しつつ**「減税という名の増税路線」**を突っ走った。しかしすでに当時の地価はかなりの下落基調。「地価が下がっているにもかかわらず、なぜ固定資産税が上がるのか」。役所はこうした素朴な疑問に答えることができなかった。

いずれにしても、こうした増税を「減税」や「適正化」と言いくるめるようなデタラメを許すわけにはいかない。筆者は「公示七割」をつぶすべく活動をはじめる。まずは平成六年に、こうした経緯を明らかにした書籍『嘆きの「固定資産税」物語』（ダイヤモンド社）を出した（平成九年には改訂版も出版）。これらの本では、後述する「審査申出」による反対運動も呼びかけた。

そしてこの活動の本命として「裁判で争う」ことを考えた。なにせ「公示七割」になっても、相続税と同じく評価規定はズサンなままに放置されている。となれば逆転評価（時価を上回る評価）が噴出するのは間違いない。その中の典型的な逆転物件での裁判で、多くの違法判決を得ることができれば、「公示七割」自体に無理があることを白日の下にさらすことができる。これにより「公示七割」をつぶそうと考えたのだ。

ところで、役所が一方的に評価額を決定する固定資産税の場合、その評価額に不服がある納税者は、各市町村に設けられた「固定資産評価審査委員会」（審査委員会）に審査の申し出ができる。そしてこの審査委員会の決定に不服があった場合に、審査委員会を被告として裁判に訴えることとなる。

そこで筆者は、所有者の了解を得た上で、まず三件の不動産について審査申出を行った。もちろんこの場でも専門知識を動員して強烈に争った。しかしいずれも結果は当方の負け。理由は「評価基準（評価規定）どおりの評価を行っているから」である。

冗談ではない。役所は評価基準どおりの評価をやっているに決まっている。こちらはその評価基準どおりの評価額に不満があるのだ。とはいえ先方の立場からすればこうした決定に無理もない。役所に任命されている審査委員会では、とにかく役所を勝たせる決定しか出せないからだ。

この三件は全て裁判に訴えた。その際には筆者が原告の一件（本人訴訟）以外は、不動産に強い弁護士に依頼した。ただし弁護士費用は当方持ち（ただし格安でお願いした）。

・裁判のやり方

ところで、筆者はそれまで裁判のやり方は全く知らなかった。しかし、やってみればどうということはない。弁護士なしで行う本人訴訟も十分やれた。弁護士のやっていることをまねればいいからだ。ちなみにこのころはまだ、民事訴訟法などの裁判関係の法律の本は一切読んでいない。

行政訴訟を含む民事訴訟は、そのほとんどが書面での争いになる。まず原告が訴状を裁判所に提出する。それに対して被告側から答弁書が出てくる。それを受けて、原告側が書面（これを**準備書面**という）により答弁書等を批判する。次に、被告側の準備書面により反論・批判がなされる。さらにこれに対して、原告が第二準備書面でさらに反論する——といった具合だ（これは税理士が行う、国税不服審判所における審査請求と同じ要領だ）。

以下に一般的な行政訴訟における法廷の場を再現してみよう。

まず入廷した裁判長が発言する。

裁判長：「原告さんから第一準備書面が提出されました。これを陳述されますね」。

原告：「はい陳述します」（これで準備書面の記載内容を法廷の場ですべて陳述したことになる）。

裁判長：「ではこの準備書面に対して被告さんから反論していただきましょう。反論の期間はどれくらい必要ですか」。

被告：「原告の主張が多岐にわたっているので、一カ月半ほどお願いします」。

裁判長：「はい分かりました。では次回期日ですが、えーと○月○日の一時はどうでしょうか」。

原告（被告）：「その日は差し支えます」。

裁判長：「では翌週の○日の一時では」。

原告・被告：「お受けします」。

裁判長：「では次回は○月○日一時です。これにて閉廷します」。

これでおしまい。この間の所要時間は二〜三分といったところ。要するに法廷の場は、いわば儀式のようなものだ。確かに当事者は裁判所に出廷するが、その場において口頭でやり合うということはほとんどない。勝負はあくまで提出書面の記載内容にかかっている。

そして、こうしたやりとりが繰り返され、双方の主張が出尽くしたところで、裁判長が裁判を終結する（これを結審という)。そして、その結審の場において、裁判長が判決の言い渡し日(通常一～二カ月後)を伝え、当日、判決が一方的に言い渡されるというわけだ。

・反「公示七割」の裁判作戦

「公示七割」つぶしの作戦としては、主に三つを考えた。一つは「無道路地」といった時価が大きく下がる土地についての評価規定の不備を突き、時価超過の判決を得る作戦。これを主戦場と位置づけた。しかし、行政べったりの裁判所は、「時価がいくらであるかは不明確」といった理屈を持ち出してきて、おいそれと時価超過を認めようとしない。となると、二つ目の方法として不動産取得税の課税をターゲットとする手法が有効となる。

不動産取得税とは、不動産を売買等で取得した人に対して都道府県が課する税だ。やはり地方税法により、「取得した不動産の時価に対して課する」と定められている。しかしその「時価」が不明であるとして、法は時価の代用品として、その固定資産税評価額を課税対象としている。従来はこの評価額は時価よりずっと低かった（税率はその分高め）から何の問題もなかったが、「公示七割化」で時価超過が多数出現したわけである。

不動産取得税の争いであれば、時価が明白となっている。むろん取得者は自由な取引市場を通じてこれを購入している。時価は売買価格そのものなのである。これであれば時価超過の証明はたやすいと考えられる。

もう一つは「審査委員会の責務の追及」という搦め手からの攻めである。

前述のとおり、審査委員会は法的に申出人の不服内容（つまり評価額の妥当性）を審査しなければならない。しかし役所任命の三人の審査委員にはとてもそのような力量はない。だから「評価基準どおりの評価だから適正」という判で押したような決定書しか書けない。

そこで、こうした決定書の違法性を突く。裁判所でこれが違法と認められれば、審査委員会はまともな審査をやらざるを得なくなる。ところが、それができる人はまずいない。となれば審査委員会制度は瓦解する。しかし賦課課税という制度上、こうした審査制度をやめるわけにはいかないのだ。

さて裁判が始まってみれば案の定、先方（役所）は懸命の防戦を展開する。中には「よくもまあ」といったとんでもない内容まで書いてくる（なお準備書面の原稿のほとんどは当方が書いた。弁護士は過激すぎる表現等の修正作業が中心。このレベルにまでなると不動産・税務の専門家がやるよりほかないからだ）。

しかし当方は、それらについて徹底的に批判し尽くし反論不能に持ち込む。となるとまた違う角度から攻めてくる。むろんそれもすべてつぶす。最終的に先方をグーの音が出ない状況に追い込んでしまう。となれば本来、この争いは当方の完勝となるはずだ。

ところがどっこい、ほとんどの判決は当方の負け。判決文も、とにかく行政側を勝たせるためだけのしどろもどろ状態だ。むろん控訴しても同じ（むしろ悪化する）。頭では分かっていた行政訴訟のデタラメぶりがイヤというほど分かった。

◆築後七〇年のボロ屋の時価は

筆者が「公示七割」に対抗するために行った行政訴訟から、争点や経緯が分かりやすい事例をご紹介しよう。

・裁判の争点

この裁判の争点は、「築後七〇年になる木造家屋の時価はいくらか」というものだ。もちろん市場での価格はゼロに決まっている一般的な物件である。

しかしこうした物件でも、旧自治省の定めた評価基準に基づけば、評価額は約二一万円になってしまう。むろんこの争いの狙いは、「評価額が時価を超過している」という逆転評価判決を得ることにより「固定資産評価基準」といった大雑把な評価規定を前提とする限り「公示七割」は無理、を立証することにある。

そこでこの古い家屋を所有する筆者の顧客から、審査申立する旨の了解を得たのである。

まずは原告（筆者）側から、築後七〇年の家屋の時価はゼロであることを、流通市場の現場の観点、鑑定評価理論からなど、あらゆる面から主張・立証した。

これに対して被告である評価審査委員会（実質的には東京都、そのバックには旧自治省が控えている）からは、「どのように古くとも、使っている人には侮りがたい価値がある。時価がゼロということはあり得ない」という予想どおりの反論がなされた。

そこで当方は、法が定める「適正な時価」とは「客観的な交換価値」、すなわち流通市場における市場価値を指し、これは判例によって確立していることを指摘する。そして根拠を示した上で「使用価値」は測定しようがない点も主張した。

先方もまだ負けていない。「固定資産税は各市町村の行政サービスの対価であり、その不動産の交換価値の有無にかかわらず、そこに住んでいる以上、いわば「会費」のような形で最低限の税負担をお願いするよりほかない。その意味からゼロ評価はできない」と使用価値論でがんばる。

確かにこれは行政サイドの本音であろう。もしこの裁判に敗訴すると、全国数千万棟の古い家屋をゼロ評価（むろん税額もゼロ）にしなければならなくなる。そうなるとシステムの根底が揺らいでしまう（むろん当方はそこを狙っている）。旧自治省は必死だったに違いない。

これに対して当方はこう反論した。

「固定資産税が行政サービスの対価であることは事実。要はそのサービスの対価の大きさ（税額）をどのように決めるかであり、法は、その地に有する不動産の時価（交換価値）により測定すると定めている。したがって、どのようなサービスを受けようと、交換価値ゼロの不動産の所有者に納税義務を課すことはできない」。

・デタラメな判決

こうした当方の反論・批判を受け、先方はついに反論できなくなった。これに対して当方は具体的な質問を提示してその回答（釈明）を求めるなど、再三にわたり先方の反論を求めた。

しかし先方は「答弁不要」と答えるのみ。結局、裁判はこのまま結審となった。

この流れからすれば、判決は当方の完勝となるはずである。しかし東京地裁が下した一審判決は敗訴。判決理由を一言でいえば「人がそれを利用している以上は、価値はゼロとはいえない」である。この考えはすでに批判し尽くし、被告が何の反論もできなかった点であるにもかかわらずである（判決書にもこの点の説明はなされていない)。

当方は裁判の過程でこう考えている。「裁判所は行政側を勝たせようとしている。しかしそのためには、判決文でその理由を書かなければならない。であれば、想定される行政側勝訴の判決理由を論破して、これを書けないようにしてしまえばよい」。

この裁判ではそれを実行した。しかし裁判所は臆面もなく、批判され尽くした内容を判決理由に書いてしまう。**これでは何をやっても勝訴判決は得られない。**

当方は当然東京高裁に控訴した。このようなケースでは一般に、控訴審でのやりとりは以下のようになる。

まず裁判長が「控訴人はこれ以上主張することはありますか」と聞く。そして当方の「控訴理由書に尽きています」という回答の後(被控訴人にその反論の意思のないことを確認の上)、「ではこれで結審します。判決言い渡しは○月○日午後○時。では閉廷します」で終わり。この間、ものの三分である。

そして、こうして結審した高裁判決のほとんどは、当然のように「控訴棄却」(当方の敗訴)。理由は「原審判決のとおり」。これで終わりである。むろん高裁でチャンバラを始めれば、行政側が圧倒的に不利で収拾がつかなくなる。だから何もしないで終わらせるのである。

もっとも、本件に関しては高裁の裁判長もやましい気がしたのであろう、実際に審理が開始されることになった。そこで当方は、その場で徹底的に一審判決を批判した。さらにいろいろ主張を補強した。すると裁判長は次のように言ってきた。

「一般的に築後七〇年の家屋の時価はゼロである、という**主張**はよく分かりました。そこで、この家屋の時価がゼロであることを立証して下さい」。
無茶を言ってもらっては困る。不動産の時価など「判断」に属することだ。判断は立証になじまない。たとえば「美空ひばりは歌がうまい」を立証できるのか——当時こうして怒り狂ったものだ（図参照）。
それでも、ここでバンザイするのは悔しい。そこで、つてをたどって三菱地所の八〇年史を入手した。
これにより、同社が所有したすべて（約八〇棟）のビルのうち、七〇年を超えて存続させたビルは旧丸ビ

私論時論

「霜降り牛肉が美味」の立証は？

ここ三—四年、固定資産税評価を争っている。審査申し出による評価審査委員会や、その後の裁判である。評価規定があんまりなのだ。日本的な組織の力学を考えれば、おいそれとは住民側は勝てない。そこで、無道路地といったまず絶対勝てるはずの案件を厳選して裁判に臨んだ。無道路地なるがゆえの減額はわずか三割なのだ。

ところが昨年九月の判決は全面敗訴であった。裁判の行政追随傾向は予想をはるかに超えていたのである。

こんなことで、へこたれてはいられない。今争っているのは家屋の評価規定だ。この内容がすごい。その代表例が残価率二割という規定。つまり建物を滅失登記しない限り、当初価格の二割評価が未来永劫（えいごう）続くのである。

なお評価額は、正常取引価格としての時価を指す。要するに買い主が付ける値段である。家屋所有者にとっての使用価値をいうものではない。

知人が大正十三年建築という木造家屋を所有していた。築七十年のこのボロ屋の評価額が二十一万円だったのだ。新たな買い主にとって、直ちに撤去されるであろうこの家屋の時価は、どう考えてもゼロ。というわけで、昨年勇んで裁判に持ち込んだわけだ。

被告側の主張をほぼ論破し終えた先月、裁判長から驚くべき指示が出された。「この家屋への時価がゼロであることを立証してください」……

そんな無茶な……。

このような当たり前のことをどうやって立証すればいいのか。まるで「霜降り牛肉が美味であることを立証せよ」というのに等しい。うまいものはうまい。これは理屈抜きなのだ。どのようなグルメ評論家でも、立証は不可能だろう。

裁判官が、いかに俗世界から隔絶された高次の世界に生きていようと、これが無理難題であることぐらいは分かっていよう。「原告の立証不十分」——これを理由に、今回も原告敗訴のシナリオを書いているのであろうか。何やらイヤーな予感がするのである。（怒侠）

『住宅新報』紙に掲載された筆者のコラム
（平成９年６月20日）

ル等の三棟しかなく、他はすべて七〇年以内に取り壊したという事実を示した。つまり「堅固な建物でさえ価値なし、としてそのほとんどを自主的に取り壊している。ましてや七〇年経過した木造家屋ではゼロに決まっている」とやったのだ。

しかし二審判決も予想どおり、「立証不十分で敗訴」であった。

◆「公示七割」などに対抗して行ったそれ以外の裁判

筆者が「公示七割」などに対抗するために争った、上記以外の主な裁判の争点と結果は以下のとおりだ。当たり前の主張の大半が敗訴となっていることをご理解いただけよう。

・**無道路地**：道路に面していないために新たに家屋を建てられない土地の固定資産税評価が、通常の土地のわずか「三割減」である件（地裁敗訴）

・**築約五〇年の木造家屋**：交換価値（使用価値ではない）を評価する固定資産税評価であればゼロのはずが六〇万円の評価。前記裁判のリターンマッチ（地裁・高裁、敗訴）

・**私道**：通り抜け可能で、事実上公道となっている私道（評価はゼロのはず）の、登録免許税における評価（時価と法定されている）が近隣の土地の半値とされた件（地裁敗訴）

・**市街化調整区域**：市街化調整区域に違法で建てられた建物の敷地の固定資産税評価が、現実に建物の敷地となっていることを理由に、合法に建てられた敷地と同じ固定資産税評価となっている件（高裁逆転勝訴）

・**二〇〇〇万円購入不動産**：公開市場で二〇〇〇〇万円で購入した不動産に対し、不動産取得税がその固定資産税評価額である三五〇〇万円を基に課された件（地裁、高裁敗訴）。類似事案二件も敗訴

・**建築不能地**：接道義務を充足していない土地（建物の建築不可　相場のほぼ七割減）であるにもかかわらず、固定資産税評価の減額補正がほとんどない件。二事案（いずれも地裁、高裁敗訴）

・**建築不能地**：上記接道義務を充足していない土地について、相続税評価における減額規定がない件（地裁敗訴、高裁逆転勝訴）。ただし国税当局は、この裁判により評価規定のごく一部を是正したのみ。

・**審査委員会の責務**：固定資産評価審査委員会は「評価基準どおりの評価」かどうかしか審査しておらず、本来の評価額の妥当性を審査しようとしないことの違法性。合計三事案（いずれも地裁・高裁敗訴）

・**逆転評価の違法性**：評価基準どおりの評価であっても、固定資産税評価が時価を超えていたらその評価は違法となる、などいくつかの争点で争った件（地裁、高裁、最高裁勝訴。個別評価部分は敗訴）

◆中間省略登記裁判

次に、筆者が最近行った「中間省略登記」の是非に関する行政訴訟についてお話しする。これは民法や不動産登記についての争いで、法務省（登記所）を相手に行ったものだ。この裁判は行政訴訟における問題点を鮮明に示しているので、この場で紹介するものだ。

なおこの裁判については、法律の専門家などに向けて詳しい内容を、本書の末尾に付録として掲載した。参考にしていただければ幸いだ。

・中間省略登記とは

不動産の所有者が誰であるかについては、登記簿に登記されている。したがって、不動産を買う際には必ずその登記の名義人を相手にする。これならまずトラブルに巻き込まれることはないからだ。

BがAから不動産を購入した（以下、図をもとに説明）。その場合には通常、A名義に登記されていた所有権をBに移転する。これをせずに登記名義をAのままにしておけば、外見的にはその後もAが所有を続けているように見えてしまう。となれば、Aはこの不動産を別の第三者（Xとする）に売って、売却代金ごとドロン、とすることも可能になる（二重売買）。このとき、先にX名義で登記されてしまえば、Aに購入代金を支払っているBは、Xに所有権を主張できない（これを「権利を第三者に対抗できない」という）。登記は早い者勝ちなのだ。

だから通常Bは直ちに登記する。ただし、登記をするにはかなり多額（五〇〜一〇〇万円見当）の登録免許税を要する。これは国による権利保全という行政サービスの対価であると説明されている。

ただし、この登記をするかどうかは自由である。民法の規定は「不動産の権利の移転等は、登記しなければ第三者に対抗できない」とされているのみだからだ。だから権利保全に問題ないと思えば、高い登記料を払ってまで登記することはないことになる。いわば自己責任である。

＜二重売買＞

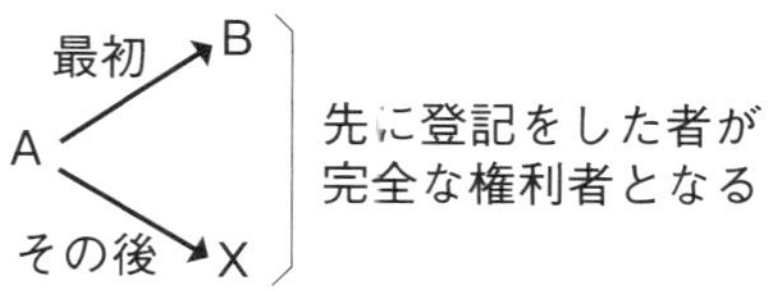

（AB 間の売買も AX 間の売買もいずれも有効）

これとの比較でいえば、戸籍における婚姻届はこれを役所に出さなければ、法律上その婚姻は認められない（婚姻の効力が生じない）。これを効力要件という。登記はそうではなく第三者への対抗要件に過ぎないわけである。

さて先の事例で、A、Bが親族である等により双方に信頼関係が確立されている場合には、あえてBの登記をしないケースは現実にある。そしてその場合に、後日BがCにこの不動産を売却したとする。ただし登記はAのままであり、Cもそうした事情を了解している（図参照）。

であれば登記は売主のBを経由させず、直接元の所有者であるAからCへ移すことになる。この登記の方法を、中間者であるBを省略した登記であることから、中間省略登記という。そして従来までは長年、この中間省略登記は普通に行われていた。ついでに言えば、大審院・最高裁判決も、A、B、Cの三者合意による中間省略登記は問題ないという点で確定している。また主な学説も同様であり、（筆者を含め）民法を学んだ者は、皆「三者合意の中間省略登記は問題なし」と認識しているのである。

＜中間省略登記＞

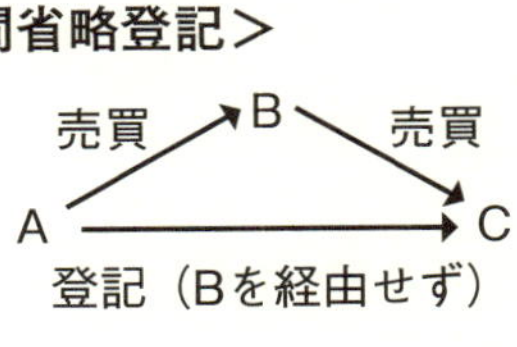

・争いの発端

最初に登記の本質を定めている民法一七七条の条文を確認しておく。ここには、

「不動産に関する物権の得喪及び変更は、不動産登記法その他の登記に関する法律の定めるところに従いその登記をしなければ、第三者に対抗することができない」

と規定されている。前述のとおり「不動産の取得などの場合は、法律にしたがって登記しないと、対抗力は付与しませんよ」という内容である。

ところが法務省が、突然この中間省略登記を平成十七年三月から禁止すると言い出した。つまり先の場合のように、三者が登記を直接AからCに移すことを合意していたとしても、登記をCに移転するには順次A↓B↓Cと登記していかなければならないというのだ。そして現実にその「禁止」を実行したのである。

きっかけは登記所のオンライン化に基づく不動産登記法の改正。その際に規定内容を微調整し、申請方法を変更することで、中間省略登記をできなくしてしまったのである。しかし法務省はこの改正に際して、規定内容の実質的な変更は行っていないと明言している。まして中間省略登記を禁止するなどという話は、国会の審議の過程でも一切出てきていない。

筆者はこれに怒った。そこで裁判で事の是非を争うべく、早速Cの立場で小さな不動産を購入した。そして売主Aの了解を得た上で、間に親しい不動産事業者のBを入れ、Aからこの物件を買ってもらう。そして筆者はBからこれを買うという契約を結んだわけだ。

こうしてA、B、C三者の連名で登記所に対して、AからCへの所有権移転登記申請を行なう。すると案の定、登記所は中間省略登記であるとしてこの申請を却下した。当方はこれを不服として裁判に訴えたのである。

・争いの内容

「登記は数珠つなぎ状に行うべきであり、中間省略登記は許されない」とする法務省の主張はあまりにお粗末だ。百歩譲って「登記は数珠つなぎ状に行うべき」としよう。しかしだからといって、それが「許されない」にはならない。「するべきである」と「しなければならない」は意味するところが決定的に違うのである。

法務省がこれを禁止しようというのであれば、民法や不動産登記法を「中間省略登記はしてはならない」に改正すればいい。しかしそれには大元の民法の「対抗要件」の個所を変更する必要がある。むろんそのような民法の根幹を揺るがす改正などできようはずがない。だから法務省は、「解釈・運用」(つまり歪曲)で、なし崩し的に「禁止」を強行しようとした。

こうした法の歪曲は役所の常套手段である。ましてこれをやっているのは法の元締めの法務省。さらにこの担当部署(民事局)は、裁判所の出先機関の色彩が強い。「法務省・最高裁がやるのならウチも」などと、各省庁が前にもましてこれをやり出したら、この国は法治国家でなくなってしまう。このようなやり方は絶対に許してはならないのである。

行政法には、**「法律による行政の原理」**という大原則が存在する。「行政機関が国民の権利を制限する場合には、かならず国会の議決を経た法律による根拠が必要」というものである。

そこでこの裁判では、まずはこの行政法の大原則を掲げて、法務省に「中間省略登記を禁止する法的根拠を示せ」と攻めた。しかし法務省は、長々と数珠つなぎ登記の必要性を述べるのみに終わる。こうした主張の矛盾を批判すると、やがて法務省は「答弁不要」を理由にダンマリ状態に入る。

さらに当方は、中間省略登記が大審院・最高裁で容認されていた点を示し、法務省を批判する。これへの法務省の対応も「答弁不要」であった。

いずれにしても、この中間省略登記の強引な禁止はあまりにも無理がある。当方はそれらの点を逐一指摘し、被告の反論を求めた。先方はこのうちのごく一部に反論を試みる。そこで、それらには全て批判し尽くす。最終的に法務省は黙りこくるのみとなるのである。

・判決

どうみても完勝となるべきこの裁判。しかし一審判決は敗訴であった。判決理由は無内容そのものである（詳細は巻末付録参照）。

そこでこの一審判決をとことん批判した控訴理由書を作成し、東京高裁に臨んだ。しかしここでも先方はほとんど反論できない。最大のポイントである「禁止の法的根拠」も示すことができないままとなっている。

しかし当方は、法務省の担当者が「禁止の法的根拠」を次のように述べていることを耳にした。「民法一七七条では、不動産の物件の得喪変更については、不動産登記法の定めるところに従って登記をするように定められている。素直に読むと、物権変動の過程・内容をそのまま登記し、それを第三者に対抗させるということになる。こうした考え方に基づいて、（法務省は従来から）中間省略登記は認めてこなかった」。

なんと民法一七七条（五九ページ参照）を「素直に読むと」、ここには「物権変動の過程・内容をそのまま登記し、それを第三者に対抗させる」と定めてあるという。そしてこれが禁止の法的根拠であるというう。しかし法務省もそのデタラメぶりを認識しているからであろう。この裁判ではこうした主張はしてこない。そこで当方はこの「公式的発言」を持ち出し、これを徹底的に批判した。しかしこれに対しても先方はダンマリを貫く。

それやこれやで東京高裁も結審。そして判決はやはり敗訴。むろん判決文の内容はお話にならない（付録参照）。となれば、弁護士と共同で一世一代の上告理由書を作成し、最高裁に上告する。しかしこれも、平成二十年九月十九日にいわゆる「三行半」の棄却決定で門前払いとなる（次ページの図参照）。これにより当方の敗訴が確定したわけだ。

なおこの裁判では、当初Y弁護士（固定資産税裁判で最高裁の勝訴判決を得た際の依頼弁護士）と組むことにより訴訟に臨んだ。しかし特殊要因により、途中から筆者の盟友である大阪の関戸一考弁護士に依頼した。ただしいつもどおり準備書面の原案は当方が作成している。なお両弁護士からこの件に関しての報酬の請求はなされなかった。

・中間省略登記訴訟の意義

確かにこの裁判は敗訴した。そしてこの裁判に投じたエネルギーは大変なものであった。しかしこの裁判をやったことに関しては少しも後悔していない。

最大の理由は、この裁判で行政側（この場合は法務省）に相当の打撃を与えることができたはずだからである。彼らが勝訴したのは事実だ。しかしその舞台裏は大混乱をきたしていたはずだ。

誰がどう考えてもこの「禁止」は無理がある。しかし大法務省とすれば、第一線の現場がこれに踏み込んでしまい、さらに裁判を起こされてしまった以上は、何が何でも負けるわけにはいかなくなる。となればつらい思いをしながらも反論書面を作成する。しかしそれもグーの音がでないまで批判されてしまう。

平成２０年（行ヒ）第２３１号

決　　　定

東京都千代田区神田錦町１丁目６番地２

申　立　人　株式会社エフティー企画

同代表者代表取締役　森　田　義　男

同訴訟代理人弁護士　関　戸　一　考

相　手　方　国

同代表者法務大臣　保　岡　興　治

同指定代理人　名　倉　一　成

上記当事者間の東京高等裁判所平成１９年（行コ）第２３４号建物所有権移転登記申請却下処分取消等請求事件について，同裁判所が平成２０年３月２７日に言い渡した判決に対し，申立人から上告受理の申立てがあったが，申立ての理由によれば，本件は，民訴法３１８条１項により受理すべきものとは認められない。

よって，当裁判所は，裁判官全員一致の意見で，次のとおり決定する。

主　　　文

本件を上告審として受理しない。

申立費用は申立人の負担とする。

平成２０年９月１９日

最高裁判所第二小法廷

裁判長裁判官　今　井　　功

裁判官　津　野　　修

裁判官　中　川　了　滋

裁判官　古　田　佑　紀

おそらく法務省の誇りはズタズタであっただろう。

その上で、最高裁等に勝たせてくれるように頼み込まなければならない。実は最も権威があるとされる最高裁の調査官の作成した見解でも、「中間省略登記は問題なし」を明言しているのだ（むろん当方は裁判でこの点を指摘している）。となれば無理にでも勝訴判決を書いてもらうために、かなり苦労したはずなのだ。

結局、この「禁止」の方針を打ち出した担当者は、大減点を食らったに相違ない。おそらく担当者は、「禁止」しても誰も文句は言ってこないだろうと高をくくっていたのではあるまいか。そうであれば登記所の威厳は高まる（役所は国民を規制・制限することが仕事だと考えている）。さらには膨大な登録免許税収入を確保することにより、財務省に大きな貸しができる。これがうまくいけば担当者は大出世だったはずなのだ。

つまり、この裁判によって**「安易にこうした妙なことをやるととんでもないしっぺ返しを受ける」**ということを、役所・役人に知らしめることができた。そしてこれが、デタラメ行政の抑止力となるのだ。

確かに敗訴は残念であった。また本当に悔しかった。しかし最低限の目的は達成したとも思った。さらに今思えば、当時でさえも腹の奥底では「この裁判は勝てないだろう」と確信していた節がある（勝ったら役所がひっくり返ってしまうからだ）。そして、これこそが行政訴訟なのである。

◆何のための裁判か

・チャレンジの理由

ややかっこつけになってしまうが、ここで「筆者が何故そこまでの裁判をやるのか」について述べてみたい。これは主に三点ある。

一つ目は「おかしいものはおかしい」という、単純かつ根強い気持ちの存在をあげることができる。子供の頃にあこがれた「正義の味方」を、未だに追及しているのかもしれない。

二つ目は、「日本人はなぜあのようなバカな戦争をしてしまったのだろうか」という疑問をずっと持ち続けていたことにある。その答えの一つに「制度はそれなりによくできていたが、権力を握る人がこれをネジ曲げてしまった。そして周りの人がそれを防ぐことができなかった」点にあるように思う。

戦後のシステムは、ずっとすばらしいものができている。また当初の約二〇年間は、それがうまく実践されていたように思う。しかしわが国が安定し国力を増すにつれて、ペーパー試験組の役人が使命感を失っていった。そして戦後のシステムをネジ曲げていったのだ。その最たるものが、国の骨格ともいうべき三権分立の（裁判所の行政追随による）形骸化である。

筆者が身をおく税務の世界も、こうしたネジ曲げが日常化している。しかしこれに異を唱える人は極めて少ない。おそらく他の分野も同様なのであろう。一見平和を謳歌しているわが国の将来に、暗澹たるものを覚えるのである。

三番目は、こうした発言・行動をすることができるのは、独立した自営事業者しかいないという点である。会社勤めの経験からよくわかるが、組織に帰属している一般の人は、まず絶対といっていいほどお上に逆らうような行動をすることはできない。強大な権限を有する役所の有形無形の力が、ほとんど全ての組織に及んでいるからだ。

であれば、筆者のような自由人がやるより他ない。何よりありがたいのは、このようなウルサイ男に対して、行政側は「税務調査をかけてつぶしてしまう」といった荒っぽいことまでは、まだやらないという点である（そこまでするほどの男ではないということなのでもあるのだろうが）。そういう意味では、しみじみ「いい国」であると思う。それだけにこの「いい国」の特権を生かして、やれるだけやってみたいという気持ちでいる。

3　過去の行政訴訟事例――行政に免罪符を与える裁判所

ここまで、筆者が実際に行ってきた不動産・税務関係の行政訴訟をご紹介したが、もちろん、行政訴訟は不動産関係だけではない。調べてみると、どんな分野の行政訴訟も、裁判所は役所側を勝たせてしまうことがわかる。

過去の典型的な行政訴訟の実例と、判決の強引なこじつけぶりをいくつか見ていこう。

◆C型肝炎裁判とその政治決着

ここでの題材は、最近社会的に大きな話題となったC型肝炎訴訟とその政治決着である。

・事件の概要

この事件は、昭和五十一年四月に、旧ミドリ十字の止血剤「フィブリノゲン（非加熱）」の製造を、旧厚生省が承認したことから始まる。ところが、翌五十二年末になると、米国政府（食品医薬品局）が、「非加熱のフィブリノゲンは重大な副作用があり極めて危険」であるとして、米国での承認を取り消してしまった（図参照）。

であれば、厚生省はこの薬の危険性を再度チェックして、日本での承認の是非を再検討しなければならない。しかし、旧厚生省はこれを放置した。その結果、悲惨なC型肝炎への感染者が増大していったのだ。

ミドリ十字は昭和六十年になって、加熱処理した安全なフィブリノゲンの販売を開始。その一方で、並行して販売されていた非加熱のフィブリノゲンによるC型肝炎集団感染が、昭和六十二年に青森県で発生。その後もこうした感染事例が表面化していく。

厚生省は昭和六十三年六月になって、非加熱のフィブリノゲンの危険性を伝える情報をやっと配布したが、これは米国がこの薬の承認を取り消してから一〇年が経過している。

その後、平成十四年にC型肝炎患者ら一六人が、東京・大阪地裁に集団提訴。その後も各地に訴えが広がっていった。そして、平成十八年以降、四地裁で国の損害賠償責任を認める判決が下される（ただし仙台地裁のみこれを認めず）。敗訴した国は各高裁へ控訴。

平成十九年十一月に、大阪高裁から東京地裁判決をベースとした和解案が提示された。東京地裁判決は、国の責任を、安全な薬品ができた昭和六十年から危険性を伝える情報配布をした昭和六十三年までの約三年間に限定している。そのため、その判決をベースにする大阪高裁の和解案は、この期間の感染者のみを正式な被害者として認定し、それ以外の感染者には見舞金的なものの支払いを提案する内容だった。

　これに対し、薬害被害者全員の救済を求める原告団は、救済対象者が限定される和解案を拒否。再度両者が法廷で全面対決する流れとなった。こうした事態を前に、世論の逆風に押された当時の福田首相は、原告団の要望を全面的に受け入れる政治決断をし、そのための議員立法を行うことで一応の決着をみた。

　ただし、その法律には、旧厚生省の発生責任については明示されず、薬害の拡大を防げなかったことに関する責任の記載にとどめられた。その理由は、「薬に副作用がつきものである以上、その副作用の発生に責任を負わされたのでは新薬を承認することはできなくなる」として、厚労省が発生責任を強く否定

C型肝炎事件の経緯

	昭和51年	フィブリノゲン（非加熱）承認
	52年	米国で承認取り消し
※	60年	安全な加熱フィブリノゲンの販売開始
※	62年	非加熱フィブリノゲンの集団感染の発生（その後も次々発生）
※	63年	厚生省が非加熱フィブリノゲンの危険性を伝える
	平成14年	C型肝炎患者が集団提訴

※東京地裁判決は、国の責任をこの三年間のみに限定

大阪地裁に入る薬害C型肝炎訴訟の原告と弁護団（写真提供：毎日新聞社）

したことによる。

・免罪符を与える裁判所

ひたすら旧厚生省の責任を限定した東京地裁の判決内容は論外である。この判決によると、責任の発生時期は安全な加熱製剤の販売開始からで、その終わりは危険性を知らせる情報配布をした時点。つまり、安全な代替薬品ができているにもかかわらず危険情報を出していなかった約三年間に限って、違法を認めたわけだ。

しかし、常識ではそんな理屈は通らない。約一〇年前にアメリカ政府がこの薬を危険と断定しているにもかかわらず、旧厚生省はこれを放置してきたのだ。代替薬品がないとしても、その危険性は周知徹底しなければならない。それが分かっていれば、医療機関はよほどの場合を除いてこの薬は使用しなかったろう。

「薬に副作用がつきものである以上、その副作用の発生に責任を負わされたのでは新薬を承認することはできなくなる」などは、児戯にも等しい理屈だ。米国が承認を取り消すといった重大事が分かったなら、とりあえずその情報を大々的に流し注意を促す。その上で米国の情報を検討して、副作用が承認取り消しを要するレベルのものかどうかを、大至急で調査すればいいのである。

平成六十年になって配布したという危険情報にしても、実態はただアリバイ的に流しただけのようだ。医療機関の現場にしっかりと届かなかったために、その後も非加熱フィブリノゲンの使用は続き、数千人以上の人が感染して苦しんでいるという。そうした面から考えれば、東京地裁の「責任限定判決」などお話にならない。

・問題の本質

この問題の本質ともいえるのは、「厚生省が直接的な責任を負いたくない（厚生省に責任を負わせたくない）」ということだ。とりわけ、担当者の致命傷になるような重大な処分は、何としても避けようとした。役所・役人の自己保身の論理である。

もし、ここでしっかり厚生省の責任を追及しきることができれば、それ以後、薬事行政の担当者は安易な行政を執行できなくなる。その結果、彼らは国民の健康を優先するという当たり前のことを行うようになったはずだ。

むろん、被害者側さらには国民にとって最重要な点は、**二度とこうした薬害被害者を出さない**ことにある。そう考えれば、この問題の生命線は厚労省（担当者）が確実な責任を負うことになるかどうかであったのだ。世論・マスコミを味方につけて弱り目の自民党を追い込んだ以上、そうした体制を作る絶好のチャンスであったのだ。

しかし、族議員の応援（さらには後述の判決動向）などにより、この事件では厚労省をそこまで追い込むことはできなかった。厚労省が漠然とした責任を認める程度で終わってしまった。多額な「救済」資金は税金に過ぎない。彼らは少し不愉快な思いをするだけ。これでは反省するはずがない。

こうした人の命を何とも思わない厚生行政の対応は、厳しく断罪しなければならない。もちろん、関係者は刑務所入りが妥当である。極めて多くの人の命に関わる以上、それが社会の常識・ルールのはずであろう。そうした厳しさがあってこそ、薬害も根絶されていくのだ。

ところで大新聞はこの事件をこう結んでいる。「薬害が起きるたびに繰り返される謝罪と反省。再び薬害を生まないために、批判をかわすための「お題目」に終わらせてはならない」。誠にもっともな論旨である。しかし「お題目」に終わらせているのは、こうした「お題目記事」を書くだけで、本質的な追及を行おうとしないマスコミの責任が極めて大きいことを付言しておきたい。

◆役所を免罪して薬害を拡大させたクロロキン裁判

「裁判所の判決である以上は、厚労省の罪は法的に的確に判断されているはず」とお考えの読者もいらっしゃるかもしれない。しかし実はそうではない。C型肝炎と同じような経緯で発生した、クロロキンの薬害事件に出されている最高裁判決を題材に、裁判所の不当な法の運用ぶりを明らかにしたい。

・クロロキン薬害

まずは医師である浜六郎氏による『薬害はなぜなくならないか』（日本評論社）を参考に、クロロキンによる薬害問題の概要を説明しておこう。

慢性の肝臓病などの薬に含まれているクロロキンが、失明同然ともいうべき深刻な網膜症を発症させる可能性のあることは、かなり以前から分かっていた。旧厚生省のクロロキンを服用していたT製薬課長（薬の安全性チェックが任務）は、職務上これが危険であることを知り、この服用を中止している。

にもかかわらず製薬会社の利益保護を考えたのであろう、T課長はクロロキンの規制はもちろん、危険性を周知する行動すら全く行わなかった。

その後も、クロロキンの薬害は拡大の一途をたどる。世の中が事態の重要性に気づいたのは、T課長が服用を中止した約六年後、マスコミによるクロロキン薬害の大報道が始まってからだった。まさに薬害事件の典型的パターンである。

やがて、クロロキンの被害者は、製薬会社と国を訴える。昭和五十八年の一審判決では、「国等に責任あり」との判断が示されたのだが、賠償額は低く抑えられ、実質的には原告勝訴とはいえなかったようだ。そして、高裁判決では、次に述べる最高裁判決を先取りするような形で国の責任を否定してしまったのだ。

・不当きわまる最高裁判決

平成七年六月の最高裁判決は、クロロキン製剤の製造承認取り消しなどの規制措置を取らなかった国の違法性を否定した。新聞に掲載された長文の判決文要旨から、そのポイントを示す。

判決は最初に、国はいかなる場合に医薬品の製造承認を取り消すべきかに関して、次のような判断基準を示す。「医薬品の効果・効用を著しく上回る有害な副作用を有することが後で判明し、その有用性がないと認められた場合」である。

これを前提に、判決は次のような主旨で展開される。

「医薬品の有用性は、その効用等と副作用の高度の専門的かつ総合的な判断が要求される。本件についていえば、当時はクロロキンの副作用である網膜症が広まってきたものの、それは医薬品としての有用性を否定するまでのものではなかった」。

「その後取られた国の規制措置は必ずしも十分なものとは言い難い。しかし薬害の防止等は製薬会社に第一義的な義務がある。だから厚生省がクロロキンの薬害発生防止措置を取らなかったとしても著しく不合理とはいえず、違法ではない」。

浜六郎氏は言う。「この判決は、薬害エイズが重大な局面になった段階のもので、エイズ裁判をにらんでの判決であったはずだ。クロロキンのように国の責任が明白な事案でさえこうなのだ。要するにこの司法判断は、**薬害に関する裁判においては、「国の責任を認めない」**ことを宣言したものと解釈できる」（太字は筆者による）。

・クロロキン判決批判

この判決はあまりにひどい。そもそも、公害や薬害を考える場合には、「疑わしきは差し止める」という考えに立たなければならない。これは「経済活動と人の命とどちらが重いか」という問題だ。生涯病気で苦しみ抜く人生では、たとえ裁判で勝って多額の賠償金をもらってもどうにもならない。

にもかかわらず、この判決では、「薬害がその薬品としての効用を著しく上回る場合」でなければ差し止めは不要であるという。つまり、致命的なマイナスが相当量発生していても（致命的な網膜症がさらに広がっても）、それがプラスの側面を大きく上回らない限り、役所はこれを放置しておいてよいというのである。

ではここでいう「薬害がその薬品としての効用を著しく上回る場合」という判断基準は、法律のどこに書いてあるのであろうか。むろん、そうした判断基準を明記した法律はない。この非常識ともいうべき判断基準は、国を勝たせるために最高裁が勝手に設定したものに過ぎない。さらにはその合理性の説明も、まったくなされていない。とはいえ、さすがに最高裁もこれだけでは後ろめたかったのだろう。先のように最後に妙な理屈を付けている。

「（薬害防止は）製薬会社に第一義的義務があるのだから、国が防止措置を取らなくとも違法ではない」

これは一体何なのだ。このような、おかしな理屈は常識では通用しない。

たとえていえば、こうなるだろう。警察は、やくざが民間人を襲う計画を事前に知っていた。にもかかわらずこれを放置したところ、民間人に多数の死傷者が出てしまった。被害者が警察の違法性を訴えたところ、「やくざには民間人を襲わないという第一義的義務があるから、警察がやくざの襲撃を阻止しなかったとしても、著しく不合理ではなく違法ではない」。このような判決が出たということだ。

先のアルコール中毒についてのたとえ話に当てはめれば、アル中のA氏（製薬会社）の前に酒を置いたB氏（厚生省）を無罪にしたことになる。

製薬会社は利益の出る薬であったり在庫を抱えていたりすれば、役所の強い禁止令が出ない限り、多少の問題があってもその薬を売り続けようとする。だからこそ厚労省は、薬害の存在が分かった時点で、直ちに製薬会社に強制力のある禁止令を出さなければならない。何よりこれには法的義務がある（旧厚生省設置法）のだ。

先の例でいえば、B氏はそもそも「A氏に酒を飲ませてはならない」という法的義務を有していたのである。にもかかわらず、A氏を飲まずにはいられないような環境に追いやってしまった。であれば、A氏に第一義的義務があろうがなかろうが、B氏の犯罪行為はとことん追及されなければならない。

役所を助けるためだけに裁判所が編み出したこのような屁理屈、さらには役所を守りさえすれば国民の健康などどうでもいい、といわんばかりの裁判所の対応は、絶対に許してはならないのである。

4　悪事のブレーキ役を放棄して役所を助けている裁判所

◆悪事のブレーキ役

・悪事は何故防がれているか

世の中には不正や腐敗は明らかに存在する。しかし大きく見れば、不正はそれほど多いわけではない。大半の人は、まじめに働き真っ当に暮らしている。社会生活は、（ごく一部の例外はあるとしても）多くの人が信頼に足る行動を行うことにより成り立っている。

大半の人は心の底に良心や倫理観を持ち、その良心を大切にして行動している。中には宗教的信心などを心の支えにしている人もいるだろう。また、人の信頼を裏切りたくない、という心意気のようなものもあるかもしれない。「信義を大切にする」ことは、昔から我々日本人の誇るべき特性であるともいわれている。

しかし人は、ごく稀には心の迷いが生じる。心や意思が弱くなるときもある。このようなときには、「これをやると制裁を受けてしまう」という気持ちが、悪への途にブレーキをかける。たとえば、親や上司・先輩に叱られる、社内検査でばれてしまう、家庭不和が起きる、税務調査でやられる、会社が倒産してしまう、違法行為であるとして訴えられる、お巡りさんに捕まってしまう……。

民間の大企業にも、いかがわしいワンマンの社長がいないわけではない。一部では、かなりデタラメな経営も行われている。しかし近年は株主代表訴訟という制度ができた。妙なことをやると経営者は株主に訴えられてしまう。したがってワンマン社長があまりに無理を言うと、周りが「そのようなことをすれば株主代表訴訟で訴えられてしまいます」と諫めることができる。立派なブレーキ役ができたのである。

人間の心はそんなに強いものではない。にもかかわらず家族、組織、一般社会等の秩序が保たれているのは、こうした歯止め、**ブレーキ役**があるからこそなのではあるまいか。

・役所にブレーキ役はあるか

一般に民間企業に比べて役所は、倒産が存在しないことなどもあり、社会的倫理観がやや不足しているようにも思われる。役所という組織では、構成員のズルや不正についての問題意識が薄いせいか、問題になりかかるともみ消そうとする面がないわけではないのだ。

「お互い様」だからなのだろう、「これをやると制裁を受けてしまう」というブレーキがあまり見当たらない。謹厳実直な人でも、つい「朱に交われば赤く」なってしまいかねない。。

日常的なズルや小さな内部不正はさておき、中央省庁の組織的不正に対しては、会計検査院という検査・取締機関が対処する。したがって公務員は、「会計検査院に指摘されないように、キチッと処理しなくては」と、これを行動規範にすることも多いようだ。

しかし、中央省庁の力関係においては、会計検査院はかなり低い位置にいるらしい。なにせ省庁の大きな不正を報告書に掲載するには、掲載についてその省庁の了解がいるという。これでは、「警察が泥棒を逮捕するには、その泥棒の了解を得てからでなければならない」というようなものだ。

だから、各省庁のキャリア組とすれば、会計検査院は小うるさくはあるものの、そう怖い存在ではない。彼らにとっては、会計検査院はいまひとつ悪事に対するブレーキ役たり得ないのである。

中央省庁は倒産のおそれがなく、さしたるブレーキ役も存在しないまま強大な権限を手にしている。本来これをチェックすべき政治家やマスコミも、手練手管で骨抜きにしている。このように怖いものなし、というべき状況にある以上、「使命感を失うな」というほうが無理なのかもしれない。

◆諸悪の根源 裁判所

・最後の砦たりえない裁判所

役所・役人は、時として国民の権利や財産さらには健康や生命までを、不当・違法に奪うことがある。

その場合、被害者は「最後の砦」に駆け込む。裁判所である。

ところが、すでにみてきたように、頼みの裁判所はこうした切実な訴えに耳を貸そうとしない。あれこれ理屈をつけて、これら行政訴訟のほとんどすべてで役所を勝たせてしまう。現在の裁判所は、役所・役人を守るための装置というべき存在となっている。

本来、あらゆる「悪事」に対する**究極のブレーキ役は裁判所**である。誰も牢屋には入りたくないのだ。ところが、こと行政・役人に対しては、裁判所はその役目を果たそうとはしない。

結局のところ、役所にとってのブレーキ役は、裁判所を含めどこにも存在しないのである。その結果として、役所・役人は、なりふりかまわぬ組織的エゴにはまっていく。

これでは、裁判所が「社会悪」を奨励しているに等しい。アル中のおそれのある者がいかに強固に禁酒を決意しても、目の前に酒を置いたまま一人っきりにされれば、誘惑に負けて酒を飲んでしまう。現在の裁判所は、あたかも「せっかく私が許しているのに、何故あなたは違法という効率的な手法で出世や組織の拡大を果たさないのですか」とささやいているかのようだ。

民間に比べて、順法精神がやや希薄というべき中央省庁という組織。その最大の理由は、「裁判所が行政訴訟を完全に尻抜けにしているから」ではないだろうか。

・裁判所のやり口

とはいえ、裁判所も一応みてくれを気にする。したがって、行政側を勝たせるに際してはいろいろなテクニックを使う。「慎重に審理したところ、結果として役所側が勝った」という体裁をつくる。そのやり方を簡単に見ておこう。

まずは、「訴えの利益」とか「当事者適格」といった法律上の理屈を用いる。これを最大限に拡大解釈することにより、訴えを門前払いしてしまうのだ。これが結構多いという。

このハードルを切り抜けた事案に関しては、「立証が不十分」といった一見もっともらしい理屈を持ち出す。しかし社会事象を完全に立証することは困難だ。仮に立証できたとしても「不十分」というだろう。完璧な立証が不可能である以上、何とでもいえるのだ。

また薬害などの厚労省事案には、「科学的な立証」という逃げ口上を使う。今日でも、おそらく「空気中の二酸化炭素の増加が地球温暖化の主たる原因」などということは、科学的には一〇〇％証明されていないはずだ。しかしこれが完璧に証明されたころには地球は駄目になっていよう。こうした、できるはずのない立証責任を原告側に課し、役所や製薬会社側を勝たせるのである。

裁判の過程の中で、行政側が純粋な法律論などでグーの音も出ない状況に追い込まれることもある。筆者が行う行政訴訟の大半がこのパターンだ。そのような場合には、論破された行政側の主張を根拠として行政側を勝たせてしまう。むろん、原告による批判は一切無視したままだ。さらには、原告の正論を、「それは原告の独自の主張に過ぎない」と一方的に切り捨てる。控訴しても、高裁は何の審理をしないまま結審してしまう（もちろん判決は行政側の勝ち）。

だから、法律関係者のあいだでは、「行政訴訟はやるだけ無駄」と言われ続けている。ほとんどの弁護士も、ビジネスにならないから行政訴訟に手を出そうとはしない。**裁判所は行政側の守護神**なのである。

・直視すべき裁判所の実態

こうした構図が明らかであるにもかかわらず、なぜかこの国では、裁判所や裁判官の批判がかなり抑制されている。こうした実態がほとんど知られていないからなのか。あるいは裁判批判がある種のタブー視されているためなのか、その点はよく分からない

確かに裁判官は、ペーパー試験では極めて優秀な成績を収めている。また**裁判官の日常生活は清廉潔白**で、賄賂や汚職などとは無縁の存在だ。それは歴然たる事実である。

だからといって、構造的に権力側に奉仕する機関に成り下がった裁判官・裁判所を、無批判なまま放置しておいていいはずがない。学校で三権分立を学んだように、裁判所は法律や行政をチェックすべき重大な使命を有している。これは裁判所にしかできないのである。

具体的には、マスコミが判決を批判の俎上に乗せるべきだろう。難しい法律や判断がからむものはなじまないかもしれない。しかし誰がどう考えても不当という判決は、徹底的に論じなければならない。現実に許し難い判決によって、多くの関係者が煮えたぎるような思いをしているのだ。

実は、裁判所は世論・マスコミをかなり気にしている。世論に敏感で、マスコミの論調にかなり弱いのである。したがって、視聴者や読者にとっても分かりやすい行政訴訟事案について、マスコミに判決の矛盾を指摘されたら、行政訴訟は変わらざるを得ないだろう。

しかし、彼らの勉強不足からなのか（はたまた権力側への迎合体質によるものなのか）、マスコミはこれをやろうとしない。こうしたマスコミを含めた判決批判のタブー視が、不当判決を発生させている。したがってマスコミは、その与えられた使命を果たすべく、不当な判決に対しては徹底的に批判の対象とし

なければならない。

第二章　裁判官はがんじがらめ——あまりに異様な裁判所のしくみ

1 裁判官の生活

現在、裁判官は、司法修習生の段階から最高裁の厳しい人事管理を受けている。そして、実際に裁判官になると、ひたすら仕事に追いまくられ、一般社会生活からほとんど隔離されたような人生をおくる。しかしその一方で、裁判官は対外的に強いエリート意識を持っている。

ここでは、司法試験合格・任官から、その退職までの裁判官生活を簡単にみておく。そしてそれにより、裁判官が本来の使命感を喪失していった過程や理由を解明していきたい。

◆裁判官になるまで

・司法試験

最近でこそ、法科大学院経由の試験となったことにより、合格の可能性がかなり高まったが、しばらく前まで司法試験は超難関試験の代表であった。なにせ合格率は三％以下。合格者の平均年齢は二八歳台で、合格者の平均受験回数も五〜六回を数えていた。最終的に不合格で終わる者も、合格者の十倍以上はいたのではあるまいか。

司法試験の合格者は、昭和四十年代頃から漫然と年五〇〇名程度に抑えられていた。しかし、複雑化する社会の中にあって、さすがにそれではあまりに少ない。平成に入ってからは、検察官のなり手の不足などもあって、とりあえず年七〇〇人まで増やし、その後も徐々に増やしていくことになった。

さらに、司法改革が叫ばれるようになると、その一環として「法曹人口の増大」の号令がかかるようになった。法科大学院の設立とあわせ、平成二十二年には合格者を三〇〇〇人まで増やすという方針となり、平成二十年には二一〇〇人に近い合格者を出している。

しかし、一〇〇〇人以上の司法修習修了者が出るようになると、その全員のスムースな就職が困難になりつつある。そのため最近では、合格者三〇〇〇人の見直し論議も声高に行われるようになっている。

・司法修習

司法試験の合格者は、すべて最高裁に司法修習生として採用される。修習（実務習得のための勉強）期間は以前は二年間であったが、合格者の増大により一年半に減り、さらに法科大学院卒業者を対象とする新司法試験の実施にともない、平成十八年開始の修習から一年間に短縮された。

修習の内容は、講義形式の集合研修と、グループごとに裁判所や検察庁、さらには弁護士事務所に出向いて行われる実務修習の二つに大別できる。こうした修習の過程で、それぞれが法曹三者のどれを職業として選択すべきかを考えることになる。

集合研修では、事件の見方や事実認定のあり方を深く考えるといった本質論が取り上げられることはほとんどなく、要件事実論に基づく実務技術がたたき込まれる。「要件事実」は別項で詳しく説明するが（一二八ページ参照）、一言でいうとパターン化の手法による法律処理技術のことだ。修習生は「ゲームのようなもの」とまでいう。しかしこの出来映えが修習における成績を左右するので、彼らは必死に勉強する。

修習期間の最後にいわば卒業試験が行われ、これに合格してはじめて法曹資格を得ることができる（近年はこの試験で五％以上の不合格者が出るようになった。司法試験合格者の増加や修習期間の短縮によって修習生の質が落ちた、などと批判する声も出ている)。

・修習生の疑問

さて、司法修習生の期間は、弁護士や検事志望の者でもすべて、最高裁の管理下に入ることになる。その際、最高裁の管理政策に圧迫感を感じる人も多いようだ(それほど気にならない人もいるようだが)。

司法修習に関しては、最高裁の管理主義に違和感を持った若手が、本を出して本音を語っている。まだ十分に純粋な気持ちを有している時期の著作であるだけに、それらの本には率直かつ興味深い事実が述べられている。むろん筆者も、本書に取り組む過程で大いに参考にさせていただいた。

さてそのうちの『修習生って何だろう』(現代人文社)では、最終部分に収録されている座談会で、司法修習の長所と短所について元修習生たちが語っている。長所としては、法曹三者のそれぞれの業務を実際に体験する実務修習により、お互いの状況や発想が理解できた点が挙げられている。確かにこの点のメリットは大きかろう。

一方の短所としては、「最高裁の統制下におかれるので、研修所外の自主的活動についても、何か参加をはばかられるような、そういう雰囲気があるという問題もあります」と指摘する(憲法や人権問題の集会、とりわけ「冤罪被害者の話を聞く会」などは嫌われるようだ)。大先輩弁護士からは「最高裁お抱えの研修所で統一修習をやっても、現行の実務に追随する姿勢を身につけてしまうだけでダメだ」との声もあるという。

『司法修習生が見た裁判所のウラ側』(現代人文社)や、『裁判官になれない理由』(青木書店)などの本にも、こうした状況が記されている。すなわち、裁判所や検察での実務修習では、本来の法規定とはまったく違った状態を見せつけられる、というのだ。このいわば「違法」を目の当たりにしつつも、「実務ではこうやっている」と言われてしまえば、未経験者である修習生は、疑問を口に出すことができなくなってしまう。そして、多くの修習生は「そんなものなのか」とこれを平気で受け入れていくという。

これらの本によれば、最高裁の本音は、司法修習は都合のよい任官者（裁判官になる者）のリクルートが目的なのではないかと思えてくるという。研修期間には、飲み会や教官宅訪問といった機会があり、リクルートを担当する教官とも接触することになる。そうした場で、目星をつけた修習生の思想信条や性格を判断し、これはと思う人に接触・勧誘をはじめるのだ。

・任官

司法修習終了者は裁判官、検察官そして弁護士のいずれかになる。そのうち裁判官になることを任官するという（検察官へは「任検」というらしい）。ただし裁判官になりたい人が全員なれるわけではない。最高裁が、裁判官にふさわしい（というよりも最高裁に好都合な）人を選別する。この選別の段階から、「最高裁事務総局」による裁判官への強権的支配が露骨にスタートしていくのである（後述）。

任官されるのは、「在学中合格者」や司法試験を一～二度で合格した若い人が大半のようだ。「特にペーパー試験に強い者を選りすぐっている」ともいえるだろう。一方、いくら若くて優秀でも人権感覚が強かったり、リベラルな傾向があると任官できないようだ。

『孤高の王国 裁判所』（朝日新聞取材班著　朝日新聞社）によると、裁判官志望の司法修習生の間では「教官らに嫌われないためにも、議論を挑むのは控えた方がいい」と言われているという。この本には、実務修習中に容疑者の身柄拘束について裁判官と議論した、複数の志望者が不採用となった実例が紹介されている。

さて、任官された修習生はまず「判事補」になる。一般的には当初の二年間は大都市に配属され、その後、全国の地裁や家裁を移動する。任官後五年で単独で事件を担当する「特例判事補」となり、一〇年経過し再任されると「判事」になる。

◆裁判官の日常

・超多忙の日常生活

裁判官は激務に追われる日常を送っている。一般的に裁判官は、一人当たり常時二〇〇～三〇〇件位の事件を担当しているのだという。

確かにこれでは、個々の案件をていねいに処理することなど不可能。後述するとおり、事件の処理のスピードが人事考課に与える影響が極めて大きいこともあって、目の前の事件を「とにかく早く片付けてしまおう」と考える。その結果、判決書きは自宅で深夜に行うのが当たり前になっているという。

裁判官の日常生活については、『裁判の秘密』（山口宏／副島隆彦著　洋泉社）という本にも詳細に書かれている。この本では、裁判やそれに関連する話がざっくばらんかつ本音で綴られており、読んでおもしろい。この本を読んだ当時、筆者は少なからぬ行政訴訟を手がけていたが、これで「裁判」の実像や裏側が分かったような気がしたものである。

さて、その『裁判の秘密』によると、裁判官の日常は朝九時半に裁判官室に入ることから始まるという。東京の場合、年齢の異なる三人の裁判官がチームになっていて、いつもいっしょに行動しているらしい。判決等についてはこの三人の間で合議があるということになっているがそれは建前。他の二人は、ほとんど年長者の決定や指示どおりに動くだけである（筆者注：これに異を唱えると、協調性なしといった理由で人事考課で大減点となる）。夕方になると、それぞれが記録を持って公務員住宅に帰り、家で事務作業を続ける。ほとんどその繰り返しのようだ。

・強烈なエリート意識を持ち市民生活からは切り離されている

『裁判官が日本を滅ぼす』（新潮文庫）には、その著者である門田隆将氏が、三六年間の裁判官生活を有する安部晴彦弁護士にインタビューした内容が載っている。そこには、裁判官の考え方や生活ぶりがよく示されている。

「たしかに裁判官はエリート意識の塊です。〈中略〉長年、裁判官をやっていれば、人の言うことを聞かず、独善的で、しかも他人に対する配慮がなくなります。」

「裁判官は、もともとエリート意識の塊なのに、そこにおまえはエリートだ、おまえはエリートだ、とさらに最高裁によってその意識を植え付けられていくんです。これは最高裁にとって、その方が管理、統制しやすいからにほかなりません。選ばれたごく少数のエリートであれば、特権意識を持ち、最高裁の方針に無条件で従ってくれるからです。」

つまり裁判官は、三段階に渡ってエリート意識を植え付けられているのである。第一段階は難関の司法試験に合格したとき。次に最高裁による教育、管理によって。そして長年高い壇の上から人を裁くことで、そのエリート意識が増幅されていくのである。

裁判官は、人づきあいが苦手で世間事情にもうといようだ。前出の安部晴彦元裁判官によると、

「裁判官の異常性というのは、裁判所の職員が一番よくわかっていますよ。〈中略〉裁判官にいくら話しても底辺のことは理解できないし、都合の悪いところをつかれると突然、豹変して、感情的になったりする。だから、職員たちは、逆らわないんです。〈中略〉

裁判官というのは、一人になると自分の意見も満足にいえません。時事問題にしても、本当は裁判官は知らないんですよ。」(『裁判官が日本を滅ぼす』)

裁判官はがんじがらめに管理されている。同じく安部晴彦氏によると、同氏が裁判官時代に灯油を安く共同購入する地域の組合に入ったところ、所長から「そういう組合に入るのは、裁判官にふさわしくない」と、とがめられてしまったという。子どもの幼稚園も、近所の庶民的なところに入れるといい顔をされず、「遠くても高級な幼稚園がある」と言われるらしい。これでは、地域の中で浮いた存在になってしまう。

また、裁判官は転勤も多い。裁判官は裁判所法四八条で「身分の保障」がされており、その中に「その意思に反して転所されることはない」とはっきり記されているのだが、全くの有名無実。現実には重要な人事管理の一環として、三~四年ごとに転勤させられ、それがほぼ定年まで続くようだ。建前としては転

勤の内示を断ることができるというのだが、以後の人事面での不利益を恐れて、ほとんどの人は承諾せざるを得ないという。

さらに、ほとんどの裁判官は車の運転ができない（しない）らしい。任官以後に免許を取る人はほぼいないし、若い時に取った人も「裁判官が人身事故」といった新聞の見出しを恐れて、免許証を返上するのだそうだ。交通裁判の弁護をする弁護士は、裁判官が一般的なドライバーの感覚を理解してくれないので苦労しているという。

このように現在の日本の裁判官は、世間一般の生活とは切り離されて生活しているのである。

・ある裁判での実像

息抜きを兼ねて、ある裁判における裁判官の実像を紹介してみたい。東京地裁で筆者が経験した、ささやかな法廷の一コマである。

固定資産税の少額の還付請求事案で（なにせ東京都の役人の対応が許し難かった）、八四歳という高齢の婦人が本人訴訟（弁護士を付けないまま原告本人のみで臨む訴訟）を行うことになった。その訴状や準備書面の作成を含め、法廷戦術を筆者が全面的に援助することとなったのだ。

とはいえ原告席に立つのは老婦人一人である。そこで訴状を提出する際に、民事訴訟法の規定に基づく補佐人に長女を選任して欲しい旨を、口頭で裁判所に依頼した。しかしその許可は得られなかった。

口頭弁論の当日は、気丈にも老婦人一人が法廷の原告席に立った。これを見た裁判官は、弁護士を立てるべく何度も勧誘する。裁判官の顔には「素人の年寄りを相手にするのが面倒」とはっきり書いてある。

この勧誘が功を奏さないとみるや、裁判長はこう質問してきた。「今日は何日ですか」。「ここはどこであるか分かりますか」。むろん認知症を理由に、代理人（弁護士）を立てさせようというわけだ。しかし老婦人はこの無礼千万な質問にもしっかり回答する。この堂々たる対応ぶりは驚くばかりだ。

その後、先方の答弁書に当方が反論、先方の反論書に再反論するという形で準備書面の応酬が続く。この過程で、みるみる行政側が追いつめられていった（なお、もしやと思って準備書面で補佐人申請をしたところOKが出た。書面申請でOKが出せるなら、そう助言すればいいではないか）。

二回目以降の裁判の場には、長女に傍聴人の動員を依頼した（その結果、顔の広い長女は常に五～六人を集める）。裁判官は傍聴人がいなければ平気で荒っぽいことをやるが、これが何人もいるとやりづらくなるからだ。

三回目には、行政側の準備書面が期限に大幅に遅れて提出された。当方は大迷惑。そこで筆者の指示により、婦人が法廷で被告に対し「遅延についての謝罪と理由説明」の要求を行った。

行政側をえこひいきする裁判官は、この発言を受けて露骨にイヤな顔をした。とはいえ内容は否定しようがないし傍聴人も見ている。やむをえず被告に謝罪等の発言を促した。これにより被告は謝罪発言をしたものの、理由説明は行おうとしなかった。そして裁判官はそこで打ち切り話を転じようとした。

その瞬間、傍聴席にいた筆者が反射的に「理由説明はどうした」と、かなり小さな声で口走った。鋭くこれを耳にした裁判官の顔色が一瞬苦渋に歪む。そしてよほど悔しかったのだろう､直後にこう発言した。「被告の約束違反は問題だが、原告側においても準備書面の記載内容からは非弁行為という弁護士法違背がみてとれる。双方とも法令等を遵守するように」。理由は省くが、これは非弁行為には当たらない。この発言は難癖の類である。

四回目の法廷では、被告が答弁できないままであることを容認した裁判官が、原告の要請をすべて拒否して、一方的な「結審（裁判の終了）」を宣言した。そして逃げるように退廷しようとした。これを見た傍聴人の女性が、思わず「嘘！」と小声を発する。するとこれを察知した裁判官の背中が、明らかにビクッと反応したのだ。

極めて小さな声であるにもかかわらず、この裁判官は「嘘！」や先の「理由説明はどうした」に敏感に反応する。一般傍聴人からの批判に対して、怯えの気持ちがあるようなのだ。**小心者の裁判官**は、自分の権能を及ぼすことのできない一般市民に対して、恐怖心のようなものを抱いている。要するに人間ができていないのである。ちなみにこの裁判は、お粗末極まる判決文により予想どおりの敗訴であった。

◆退官後と公証人利権

・「ヤメ判」
裁判官はそのほとんどが六五歳の定年まで勤め上げるようだ。検事に関しては定年前に弁護士に転職するいわゆる「ヤメ検」（検事をやめて弁護士になった人）が多いが、裁判官（判事）を辞めての弁護士（「ヤメ判」）はあまりいないという。

その理由は、「ヤメ判」弁護士が、染みついた独善的な傾向が抜けきれないために、いまひとつ評判がよくないからのようだ。この点について元裁判官の秋山賢三弁護士は『裁判官はなぜ誤るのか』（岩波新書）で次のように述べている。

「弁護士になった直後の頃に特に痛感させられたのは、どうしても自分の他人に対する「態度がデカイ」、「横柄」である、ということであった。このことは自分の依頼者から面と向かって指摘されたこともあったし、相手方が不愉快な態度を示したことから、後で自ら反省させられたこともある。」

この著者はきわめて謙虚な人と思われる。その著者をしてこう述べさせているのだ。先の『裁判の秘密』は「ヤメ判」についてこう書いている。

「いちど裁判官が弁護士になると、もう絶対に裁判官には戻れない。一介の弁護士になってしまえば、どこも特別に扱ってくれるわけではなく、一種の「落人」である。元検察官、元裁判官風なんか吹かせたら、それこそたちどころにやられてしまう。現役の裁判官たちにとっては、その人がいくら先輩でも、もう下界の人間である。今までペコペコしていたぶん、かえって、この元先輩に威張り散らすということになるのではないだろうか。」

これでは「ヤメ判」弁護士は、厳しい民間社会ではかなり苦戦しよう。だからこそ、次節で述べる最高裁事務総局の苛烈ともいうべき人事管理の下で、六五歳の定年まで裁判官人生を送らざるをえないともいえる。

やや脱線するが、筆者は、公的な大法人の理事長（大蔵省の元局長）から、固定資産税評価に関する裁判の助っ人を直々に頼まれたことがある。先方は、この種の争いには筆者がめっぽう強いという評判を聞きつけたようだ。

しかし、やがて依頼は中止となった。聞けば、最高裁判事ＯＢといった超大物を弁護団に引き入れた上で、新体制を組むことにしたのだそうだ。その説明からすると、超大物であれば、裁判でそれなりの御利益があるとのことであった。そうであるとしても、それは最高裁ＯＢなどの超大物に限った話であることは間違いないだろう。ただしその件がその後どうなったかは知らされていない。

・公証人という利権

裁判官の定年後の天下り先は、大出世組を除き「**公証人**」以外にはさしたるものはないようだ（簡易裁判所の判事とか、家裁の調停委員や参与委員といった、天下りとはいえないような地味な仕事もあるとはいう）。したがって、多くは穏やかな年金生活に入るのではあるまいか。

その中にあって公証人という職業は、裁判官や検察官ＯＢにとってかなり魅力的な存在となっている。まずは、法務の経験を生かした形で安定的にかなりの高給が得られる。おまけに、さして忙しいわけではない。裁判官や検察官は弁護士に横滑りができるとはいえ、開業するには営業的なセンスがかなり要求される。それを苦手とする彼らにとって、公証人はかっこうの職業となるわけだ。

彼らは、公証人を定年後のお気楽な第二の職場と考えているのであろう。本来は絶対に間違えてはならないはずの公証人業務に、たまに致命的なミスが生じるらしい。なんと裁判所が、身内のはずの公証人に敗訴判決を下さざるを得ないような事件も発生しているという。

余談になるが、公証人についておもしろい裏話を耳にしたので紹介しておきたい。

まず、公証人は給与所得者ではなく事業所得者とされ、所得額は稼ぎに応じることになる。しかしそれは建前で、実際は公証人の全国組織がすべての収入を一括管理し、それを前歴等に応じて配分しているという。

その収入には歴然たる身分差別があり、いわゆるノンキャリの事務官上がりが二〇〇〇万円程度なのに対して、判事・検事上がりは六〇〇〇万円以上にもなるらしい。ただし対外的には、その平均値としての三〇〇〇～四〇〇〇万円（つまりそんなに高くないという意味）を公表しているのだそうだ。

なるほどありそうな話だ。この公証人への天下りは、裁判所や検察庁・法務省の人事管理政策の重要な位置を占めているはずだ。組織の意向に忠実に従ったもののみに、このおいしい公証人の椅子を渡すのである（しかしこれらの収入から差し引かれる諸経費を考えた上でも、公証人の儲けすぎは歴然としている。法務関係の各種の手数料は引き下げるべきであろう）。

ところで、本来、公証人は法で定められた公証人試験を経て選任されることになっているのだが、法務省は、登用試験を全く行わず、法曹関係者を任命することで制度の運用を行ってきた。そうしたやり方に批判が高まり、平成十四年度に初めて試験を実施したのだが、裁判官や検事らは全員合格、民間からの受験者（弁護士や司法書士を含む）は、すべて不合格となっている。

その理由として、法務省民事局は「法律的な知識や実務能力、人柄や健康状態などを総合的に判断した。民間人は他の受験者に比べ、力が足りなかったと言わざるを得ない」などとのたまわっている（読売新聞、平成十五年八月十一日の記事による)。

2 裁判所、裁判官が官僚化するに至る歴史

今までは、個人としての裁判官をみてきたが、今度は組織としての裁判所を対象とする。

憲法では、裁判官に、自己の良心に基づいて判断を行う「裁判官の独立」を保証している。しかし、現実は、最高裁事務総局による強烈な統制により、最高裁の意向に従わざるをえない状況にある。こうした統制は裁判官の考える力を削ぎおとす。そして、そのことが非常識な判決や行政隷属判決を生む原因となっている。ここでは主に、明治大学教授・西川伸一氏による『日本司法の逆説』(五月書房)を参考に、こうした異様な状況に至る過程についてみていくことにしよう。

◆官僚化への過程

・裁判官の独立

戦前の司法部は、裁判権を有する大審院(現在の最高裁)と、司法行政権を行使する司法省の二本立てになっていた。そしてその双方を司法大臣が所管しており、裁判官の人事権も司法省が握っていた。要するに「司法権の独立」はなく、行政の下に位置づけられていたわけだ。

この反省に立ち、戦後の日本国憲法においては、司法権の行政権からの独立を定め、司法に関する権限を最高裁に委ねた。しかしその一方で、最高裁は行政府の閣議で司法の利益を主張してくれる大臣を失っ

た。このことが、後述するように、最高裁が外部に殻を固く閉ざし、内部の締め付けを強化する一因になっていったようだ。

さて、日本国憲法七六条は、「すべて裁判官は、その良心に従い独立してその職を行い、この憲法及び法律のみに拘束される」と定め、司法権の独立を高らかにうたっている。この独立には、外部的独立と内部的独立のふたつがある。

まずは、外部勢力からの独立（外部的独立）が保持されていなければならない。外部勢力とは、立法府としての国会や行政府としての内閣（各省庁）といった国家機関、さらには政党や利益集団などの外部団体等が該当しよう。

内部的独立とは、裁判についての上級裁判所から下級裁判所への直接的干渉や間接的な懐柔によって、裁判官に「自主的に」独立性を放棄させる、といった行為を排除することである。

しかし、先に結論を述べると、司法内部を管理する最高裁の事務総局は、「外部的独立を守る」ことを錦の御旗として、ひたすら内部統制を強めていった。その結果、**内部的独立を完膚無きまでに崩壊**させてしまったのだ。

もっとも、新憲法の下で新司法制度がスタートしてから約二〇年間は、ほぼ憲法が意図したような司法がなされていたようだ。司法内部での各種のルールの決定は、各裁判所における裁判官会議が担うとされていた。この裁判官会議は、大学における教授会のような形で行われていたという。

当時のある裁判官は「その頃の裁判長の間には、上の意向を気にするような空気はほとんどなかった」と回顧している。いずれにしてもこの時期は、全般的に自由闊達な雰囲気が残る、のどかな時代であったようだ。

・統制への動き

ところが昭和四十二年に出された右翼雑誌『全貌』十月号が、「**青年法律家協会（青法協）**会員裁判官」を共産党員であるかのように名指しで批判した。そしてこれが裁判官統制のきっかけとなった。

青法協は「平和と民主主義を守る」ことを目的に、かなり多くの弁護士や裁判官や研究者によって昭和三十九年に設立された団体である。確かに破壊活動防止法の成立等への反対運動を行うなど、戦前への「逆コース」に強い危機感を抱くといった、見方によってはやや左傾向があった団体といえるのかもしれない。しかし新人裁判官の三分の一が加入していたことからも分かるとおり、もともとその実態はまじめな研究団体であったようだ。

統制の背景には、当時の行政事件や公安・労働事件で、国や企業側の敗訴判決が続いていたことがある。その象徴は、最高裁が公務員の争議行為禁止の規定を限定的にとらえ、一定の争議行為は許されるとして二審判決を破棄差し戻しした、「全逓中央郵便局事件」の大法廷判決（昭和四十一年十月）だった。当時は最高裁におけるリベラル派の全盛時代だったのだ。その後もこれに類する最高裁判決が続いていった。

こうした「偏向裁判」に対して、当時の自民党の田中角栄幹事長は、昭和四十四年五月に党内に「**司法制度調査会**」を設置。目的は、問題となる判決を調査し、裁判官人事を行う際の参考にするためとした。憲法は内閣に対して、最高裁長官の指名権をはじめいくつかの任命権を与えている。これらのしくみを背景とする調査会の設置は、まさしく司法の独立への侵害行為といってよい。

同じ昭和四十四年の一月には、最高裁事務総長（事務総局のトップ）経験を含む司法界のエリートコースを歩んだ石田和外が、最高裁の長官となっていた。この大物長官の下で「スキあらば司法の独立を侵そう」とする政権政党に対して理論武装を行い、それに依拠した内部統制を推し進めていった。

その際に中心となった理論が**「公正らしさ論」**である。これは「裁判は公正でなければならないのはもちろん、国民がそう信じて疑わないような「公正らしさ」をも保持しなければならない。それには、裁判官は私生活のすべてに至るまで一切の行動を慎み、世の疑惑を招くことのないようにしなければならない」というものである。こうした理論・理屈によって、最高裁による強力な青法協会員への粛正が行われていった。

・統制の強化

このレッドパージならぬブルーパージ（青法協対策）最大の事件が、昭和四十六年四月の**「宮本判事補再任拒否」**問題である。裁判所に任官した者は、当初の一〇年間をいわば裁判官の見習いともいうべき判事補として過ごす。そして憲法第八〇条の規定である「（裁判官の任期は一〇年とし）再任されることができる」という規定を背景に、一〇年経過後に最高裁が正規の裁判官である判事として再任するという形になっている。

この規定を利用して、最高裁事務総局は、青法協を脱会しようとしない宮本判事補の再任を拒否（つまり馘首）した。この再任拒否事件は、現場の裁判官を恐怖で震えあがらせた。事務総局は独裁的な権力者に変じたといえよう。

それでも、当時は五〇〇名以上の裁判官が、最高裁に要望書を提出。この措置に抗議の姿勢を表した。さらに同じ昭和四十六年十月には、危機感を募らせた裁判官が「裁判官懇話会」という集会を東京で開く。翌年には関西でも開かれ、昭和四十九年には全国組織となり、以後二年おきに開催されていく。しかし当然ながら、これらの関係者も事務総局の抑圧の対象となった。

一方、一五名で構成される最高裁判事は、リベラル派と目される判事の定年を期に、順次保守派に切り替えられていった。そしてそれ以降の判決内容は、行政側や企業側の意に沿うものになっていくなど、従来とは様変わりしていった。

その後も、青法協会員裁判官に対する任地や職務の差別は苛烈を極めている。裁判官は事務総局により統制され支配される存在になってしまった。そのため裁判所内の青法協組織は、昭和五十九年に、ついに解散により消滅した。

◆最大の問題組織「最高裁事務総局」

・組織の論理

日本の司法権力の頂点にある最高裁判所は、二つの側面を有している。上告された訴訟を審議して判決を下す裁判体としての側面と、全国の裁判所を統括する司法行政庁としての側面である。前者については、一五名の最高裁判官による裁判が行われている（約四五名の最高裁の調査官がこれを補佐する）。後者を担当するのは最高裁事務総局である。この役所は、八〇〇名に近い局員で構成されている。

ここで、裁判所という組織全体を、分かりやすく民間企業に例えておこう。まず、最高裁の長官を社長として一五名の役員による役員会が構成されている。この役員会に直属する本部機構が、最高裁事務総局である。そして、千代田区隼町に位置する最高裁という本社に対して、霞ヶ関にある東京高裁・地裁は本店営業部。各地に配置されている高裁や地裁などは、生産や営業を行う現業部門という位置づけとなる。どの組織にあっても、人事権を握る本部機構に在職する者がエリートとされる。彼らは上の者に見込まれ本部機構に配属されている。その意味から、今後も出世コースを歩むであろうことはほぼ約束されている。事務総局にいる裁判官はその典型的な存在である。

・エリートコースの裁判官

裁判所におけるエリートの卵は、判事補として任官し（本来は全国の大きな裁判所に散らばるが、この「卵」は主に東京地裁に配属される）、そこで数年間の研修等を受けた後、事務総局の「局付」という立場に異動する。局付になるには、東大か京大の出身で、在学中に司法試験を合格していることが望ましいとされている。さらには、司法研修所の卒業試験が優秀な成績であることも求められる。

この局付で司法行政事務を三〜四年経験したのち、晴れて有能と認められた者だけが出世コースをひた走ることになる。ちなみに、最高のエリートコースは事務総局勤務のほかに、最高裁の調査官（最高裁への上告事案を、約四五名の調査官が事前に検討し基本方針を決めている）と、司法研修所の教官の三つであるという。

その後彼らは、地方の裁判所勤務を織り交ぜながら、こうした司法行政畑を中心に歩んでいく。そして、最高の出世となる最高裁判事（さらには最高裁長官）を目指していくのである。ちなみに裁判官出身の最高裁判事の経歴をみると、全員が事務総局の幹部をかなりの期間経験しているという。

なお、司法行政の最高主体は一五名（出身母体の内訳は、おおむね裁判官枠六名、弁護士枠四名、検察庁等の役所ＯＢを主とする学識経験者枠五名）で構成される、最高裁の裁判官会議とされている。しかし、いわば取締役会ともいうべきこの裁判官会議は全く機能していない。裁判官出身でない最高裁判事は、司法行政のことは全く分からない。しかも彼らは、担当する裁判事案に追いまくられている。したがって、実質的にその実権は、（事務総局出身である）最高裁長官と事務総局とに「丸投げ」されてしまっている。

一方、事務総局は、後述するようながんじがらめともいうべき指標を提示して、一般の裁判官を意のままに追い立てる。それを受け入れない裁判官は、ドサ回りその他の差別人事を覚悟しなければならない。

こうして事務総局は、仕掛けを各方面に巧みにセットすることにより、出世を意識せざるを得ない心理に裁判官を追い込む。その結果「（もはや人事考課を気にする必要のない）定年間近にいい判決する裁判官がしばしばいる」（いわゆる「最後っ屁」）」といった状況になっているという。

◆ヒラメ判事をつくりだす事務総局による統制

最高裁は「憲法の番人」「法の守護神」であるとされている。しかし、その最高裁の実情は、自身の守備範囲に関して違憲・違法のオンパレードなのだ。

・人事考課

最高裁はこう言う。

「どの裁判官が事件を担当しても、同じ問題には同じ判断が出るようになっていることが理想となっているのであり、裁判官はそのための努力を怠ってはならない」。

これでは、最高裁が方針を出したらみなそれに従え、と言っているのと同じ。「裁判官の独立」など影も形もない。

最高裁が裁判官を超多忙に追いやり、これを人事管理に使っている様子を、前出の『日本司法の逆説』では次のように述べている。

「裁判所では毎月末に、〈中略〉その月の既済件数と新受件数を示した「事件処理一覧表」が出される。既済件数が新受件数を上回って手持ち事件数が減っていれば「黒字」、その逆ならば「赤字」とよばれる。〈中略〉この処理件数が裁判官としての実務能力とみなされているのだ。そのため「赤字」が続けば裁判官としての評価は下落する。」

各裁判をていねいに審理していけば、当然「赤字」はかさむ。そして、こうした良心的な裁判官は、生涯うだつが上がらない。その一方、強権的な訴訟指揮で短期間に判決を出したり、強引に和解に持ち込む者が出世することになる。これが最高裁の人事政策なのである。

こうして待遇に大きな格差（地位、勤務地、給与）を付け、かつまた裁判官に序列意識を植え付けることで、事務総局の意向に逆らうことのない従順な裁判官を養成していく。

・増やそうとしない裁判官の数

以上見てきたとおり、裁判官は圧倒的に人数が不足している。この点が、とりあえず裁判所における最大の問題点であるように思われる。この点は、最高裁を除くほとんど全ての関係者が、異口同音に指摘している。

『日本司法の逆説』によると、裁判所構成法が制定された明治二十三年に比べ、現在では人口が三倍になり民事訴訟の受任件数は一〇倍になっている。にもかかわらず、裁判官の定員は一・五倍にしかなっておらず、国際比較をしても、わが国の一〇万人あたりの裁判官の数は、ドイツの一三分の一強、イギリスの四分の一弱。人数不足は明らかなのである。

ところが最高裁は、裁判官を意図的に増やそうとしていない。全国の裁判官を過労死すれすれで判決書きに追いやるとともに、国民にはズサンな裁判しか提供しようとしない。その結果、現役裁判官に「いかなる司法改革も、裁判官の大幅増員がなければ絵に描いた餅にすぎない」(『裁判官は訴える！』日本裁判官ネットワーク著、講談社)と言わしめている。最近の司法改革やそれに伴う司法試験合格者の大幅増加を前にしても、未だに最高裁は、裁判官の増員に極めて消極的な対応を取っているのである。

・内部統制の徹底

最高裁は、なぜこうまでして裁判官の数を増やそうとしないのだろうか。とりあえず最高裁は、「大幅増員は裁判官の質の低下をまねく」をその理由にしている。しかし、『日本司法の逆説』によると、「小規模の方が内部統制を徹底しやすいという「品質管理」の観点からの説明も成り立つ」ということになる。

確かに、こちらの解釈のほうが納得しやすい。

すでに述べたように、現在の司法行政は、「裁判官の独立」を定めた憲法に明白に違背している。こうした状況が続けば、良心的な裁判官は、この大矛盾をどうにかしなければと考えるだろう。それが個人の思いの段階にとどまっていればともかく、集団としての声になっていくと制御しきれなくなる可能性がある。

そこで、一般の裁判官に、そのような「余計なこと」を考えさせるいとまを与えないために、彼らを仕事に追いまくる。のみならず、頻繁な転勤を行うことで市民生活からも隔絶させる。また、出世を強烈に意識させることにより、裁判官同士を分断する。

このように、人員を過小にしておくことは、裁判官に自由な発想をさせないための最大の手段となっていると筆者は考える。

もう一つの理由として、「誇り高い裁判所が、予算を握る財務省の風下に立つことを嫌っているのではないか（増員のための予算増について、財務省に頭を下げたくない）」という考え方もある。なるほどありそうな話である。

この話が説得力を持つのは、次のような現実の存在も大きい。

実は、国家公務員としての裁判官の報酬は、（裁判が特殊業務であるということを理由として）一般公務員よりかなり高めに設定されている。なにしろ、他省庁のトップである事務次官クラス（さらにはそれ以上）の給与を受け取る裁判官は、事務総局の幹部を含め、二〇〇人を優に超えているというのだ。

この高給も、それらの者が裁判に従事しているならまだ理解できる。ところが、その多くは、最高裁の事務総局などの場で司法行政を担当している。この場合、やっていることは一般の公務員と同じである。にもかかわらず「なぜ大量の人が事務次官並の給与を受け取るのか」という疑問が出てくるわけだ。

つまり、裁判官の大幅増員を言い出すと、財務省は必ずこのいびつな報酬体系の是正を要求するだろう。この「弱味」は、事務総局が大幅増員を切り出せない少なからぬ理由となっていると考えられるのだ。

◆最高裁が法を守らないおかしな状態

・裁判所に順法精神なし

「すべて裁判官は、その良心に従い独立してその職権を行い、この憲法及び法律にのみ拘束される」。裁判官の独立を高らかに謳う、憲法七六条第三項の規定である。

しかし、現在「裁判官の独立」は全く形骸化されている。その典型が、先に示した「どの裁判官が事件を担当しても、同じ問題には同じ判断が出るようになっていることが理想」とする最高裁の発言である。

この発言は、憲法の規定に真っ向から違背する。憲法は、「すべての裁判官が（最高裁を含む他者の主張に影響されることなく）自身の良心に従い独立して判断せよ」と定めている。そうであれば、個性を有する裁判官の判決が、金太郎飴のようになるはずがない。

試しに最高裁がいう「同じ問題には同じ判断がなされるべき」の妥当性を考えてみよう。

確かに、憲法のいうように「各自が良心に従って判断」すれば、同じ問題に対する判決内容がバラバラになる可能性は高い。しかし、各人が社会通念を踏まえ良心に従って出した結論であれば、何らかの傾向を示しているはずである。その上で、こうして下から積み上がってきた多くの判決を、上級審が良心に従ってひとつの方向に収束させていけばよい。

また、本来一つとして同じ事件はないのであり、前提が違えば結果が違うのは当然といえる。仮に全く同じ事件に対して下された判決が多少異なっても、それぞれが良心に従った結論であれば、それらはすべて正当な判決となる。

こうした、本来あるべき姿に比べれば、今日のように最高裁の一部の者が出した結論に、すべての裁判官が従うほうがよほど不気味である。それは多くの場合、抽象的・観念的に出された机上の結論に過ぎない。また、こうした管理主義の硬直的な対応では、世の中の流れに応じてなされるべき判例変更がうまく行われない。現実社会とあまり接点のない最高裁のエリートは、社会の変動を肌で感じることができないからだ。

一般の裁判官を強固に統制している今日の官僚的な司法行政は、直ちに改めなければならないのである。

・事務総局の法的な立場

司法による法律違反を調べていくと、司法行政を牛耳っている最高裁事務総局自体に、そもそも大きな疑問が生じてしまう。

事務総局については、裁判所法第一三条に「**最高裁判所の庶務を掌るため**に、最高裁判所に事務総局を置く」と定めてあるだけである。これ以外に事務総局についての法的な規定はない。

つまり、事務総局に与えられた任務は、最高裁の「庶務」である。むろん、庶務という概念には、裁判官の生殺与奪を握る人事権をはじめとする全般の司法行政権などが含まれていようはずがない。ちなみに、司法行政の担い手に関しては、裁判所法一二条に「最高裁が司法行政事務を行うのは、裁判官会議の議によるものとし、最高裁判所長官が、これを総轄する」と明言されている。

以上のとおり、本来、事務総局には何ら司法行政を行う権限は与えられていない。現在の事務総局は、法的根拠のない違法ともいうべき存在なのである。

・法の運用

こうした法律違反は、刑事捜査の現場でも発生している。第一章でも述べたように、自白の強要や証拠の捏造などの違法行為が日常的に行われ、まさに、憲法違反・法律違反のオンパレードとなっているのである。

警察・検察や裁判官からすれば、「法律等の規定は建前であり、実務的にはそんなことはやっていられない」という感覚なのだろう。確かに、法律が非現実的な空理空論であれば、そうした考えはあながち間違いとはいえないだろう。

しかし現実はそうではない。真っ当かつ守るべき法律に対しても、検察官・裁判官がご都合主義でこれを無視している。その結果、多くの誤判や冤罪を含む大量の人権侵害を行っているのである。

後で詳しく述べるが、刑事裁判の場合、法律は検察官の側に有罪であることの立証責任を負わせている。つまり裁判では、被告人が犯人であることに関して、検察側が「合理的な疑いが残らない程度」（つまり通常人なら誰でも、有罪であることに疑いを差し挟まない程度）まで立証したかどうかが判断されなければならない。しかし裁判所は、起訴された容疑者の九九・九％を有罪にしてしまう。多くの事案が、とてもそのレベルまでの立証がなされていないにもかかわらずである。

取り調べの際の拘束についても、違法行為が日常的に行われている。本来、警察署等に勾留されている被告人に対して、関係者は保釈の請求ができる。この場合、警察は「証拠隠滅をすると疑うに足りる相当の理由」がある場合を除き、裁判所の命により保釈に応じなければならない。これは、法の定めである。しかし実際は、裁判官が検察官の要請に応じて「証拠隠滅の恐れあり」という抽象的な口実を弄して、ほとんど保釈を許可しない（近年の保釈率は一％以下という）。

しかし「（証拠隠滅の）恐れあり」と「（証拠隠滅を）疑うに足る相当の理由がある」とは天と地の差がある。にもかかわらず、検察官は被疑者を起訴した以上、何が何でも有罪に持ち込もうとする。だから「保釈をして変な知恵を付けられたらたまらない」とばかり、容疑者の拘束を続ける。そして裁判所は、それを承知でこの違法な人権侵害行為を容認している。

以上いくつかの典型的な事例を示した。むろんこれらは一例に過ぎない。

裁判所がこうした違法行為に関わる背景には、自身の特権的な立場・認識があると考えられる。そして、「**自分は法の元締めなのだから、法律をどう解釈しようがどうネジ曲げようが自由である**」といわんばかりの最高裁の発想が、現場の法解釈にも影響を与えているようだ。こうした発想にもとづき、行政訴訟では役所側を勝たせ、刑事訴訟では検察側を勝たせる。

要するに、最高裁を頂点とする裁判所には、ほとんど本来の順法精神は存在しない。行政訴訟（刑事裁判を含む）をみる限りにおいて、わが国は「法治国家という用語は死語」というべき状況に陥っているのである。

第三章　あきれてしまう裁判官のお寒い判断能力

1　法と社会常識

◆判断基準は「自由心証」と「社会通念」のはずだが

・法は社会正義実現の手段

「ずるいことをしてはならない」といった共通の価値観というべき社会通念は、人が社会生活を営むようになったころに認識・形成されたと思われる。これがないと社会生活が成り立たないからだ。そしてその後長い期間を経て、社会がある程度の集団を形成するようになった段階になって、はじめて法が作成されたのであろう。目的は、従来までの社会通念の明確化や、新たな統治や組織運営のルール作りである。

そもそも法律を素人的に定義すると、「人が社会生活を円滑に営むために定めた決まり」ということができよう。法律はこうした共通の価値観・社会通念・社会正義に基づいて作られている。やや漠然とした**社会通念等を体系化した上で文章化したものが法律**である。

しかし歴史を追うごとに社会構造は複雑になる。そしてそれに応じて法も複雑になる。また統治機構も高度化するとともに、専制君主といったやっかいな存在も登場する。それに対抗するために社会革命なども起こり、横暴な権力者から一般市民が身を守るために法制度をより整えた。権力者といえども、法に従わなければならないこととしたわけだ。これが社会正義の実現を目指す「法の支配」であり、現代につながる法治国家の理念である。

とはいえ、あくまで本来の社会規範は一般常識・社会通念にある。法は単にこれを文章化したものに過ぎない。目指すべきは「法の支配」というより「社会通念の支配」である。換言すれば、今日において追求されている「法の支配」は、「社会通念の支配」という目的実現ための手段といえよう。

それは今日の法律にも脈々と受け継がれている。その象徴が、民法第一条第二項に定める「権利の行使及び義務の履行は信義に従い誠実に行わなければならない」である。ここでいう**信義誠実の原則**こそ、「ずるいことをするな」という社会通念を意味している。法の中心をなす民法では、「信義誠実」をいわば法解釈の原則とすべきであると、その冒頭で明快に定めているといってよいのである。

・法解釈の前提

ともすると我々は、「ある行為が違法であるか違法ではない（つまり合法）かは、法律の専門家が法を突き詰めていけば、水が低きにつくように必然的な結論が出るようになっている」と考えてしまう。しかしそれは正しいとはいえない。

どの法律をどのような解釈に基づいて適用すべきかについては、裁判官が認定した事実関係をもとに、その心証と判断により決せられる。そして、その法的判断の前提となるのは、社会通念・社会正義である。いかに法的な理論構築が立派であっても、**社会通念に合致しない法律の解釈は誤り**といわざるをえない。

であれば、どれだけ法律を知っていようと、法律の解釈・適用を公正に行うには、的確な社会通念の涵養やそれに基づく判断力が必須となる。逆に、裁判官が社会通念を無視すれば、判決はどのようにでもなってしまう。さらにいえば、確固たる社会常識を体得している者であれば到底なしえないような判断も、それを有していなければできてしまう。

社会通念を涵養するには多くの人生経験がものをいう。また紛争解決を行うには、人の気持ちを理解する特性も重要となる。いわば落語などに出てくる横町のご隠居さんといったイメージの、「酸いも甘いも分かった人」である。事実、江戸時代の庶民は生活上の各種のトラブルをこうした横町のご隠居さんに持ち込み、その判断に基づき円満解決を図っていたようだ。

・自由心証主義

「すべて裁判官は、その良心に従い独立してその職権を行い、この憲法及び法律にのみ拘束される」。憲法七六条第三項の規定である。

さらに民事訴訟法第二四七条はこう規定している。

「裁判所は、判決をするに当たり、口頭弁論の全趣旨及び証拠調べの結果をしん酌して、自由な心証により、事実についての主張を真実と認めるべきか否かを判断する」。

これは、「裁判官は、原告・被告双方の主張内容と証拠に基づき、何らの拘束も受けないまま良心に従い自由に物事を判断しなさい」という規定である。これを**自由心証主義**という。

この自由心証主義に象徴されるように、裁判官を拘束する法規定はない。まさに「裁判官は神聖にして犯すべからず」。神様のような存在として、すべての法的な判断が委ねられている。したがって、ここでいう「自由心証」での判断に際しては、判断者（裁判官）が的確な社会通念を持ち、人間性においても優れていることが前提となる。

いずれにせよ、裁判官が適正な法的判断を行うには、深い社会通念の体得と的確に法を当てはめる（適用する）という二つの力量が必要となる。分かりやすくいえば**「法をほぼ完全にマスターした、人生経験の豊富な横町のご隠居さん」**といったイメージであろう。

・裁判官と社会通念

では今日の裁判官が人格（「深い社会通念の体得」）の面で優れているかについて考えてみたい。

これについては、何度も述べているように、ほとんど期待できないような状況にある。若いころは試験勉強に明け暮れ、裁判官になってからも世間から隔絶された状況で激務に明け暮れる。彼らは、社会経験や精神的な鍛錬が不足したままの人生を歩む一方、強烈なエリート意識を持つ。さらに、思うような創造的な仕事ができないまま、組織の圧力により神経をすり減らしている。こうした境遇の中で「社会通念を深く体得」するのは、あまりに困難というよりほかない。

以上のように、裁判官は社会通念・一般常識で異質な面を有している。つまり「人格」の面では、一般の社会人に比べて劣っているといわざるをえない。憲法や民事訴訟法が定めている裁判システム（自由心証主義や裁判官の独立）の前提条件は、達成されていないのである。

◆「強いものに味方」するマニュアルに依存

・マニュアル依存体質の蔓延

それでは裁判官は、「どの法律をどのように適用するべきか」について何を基準に判断しているのであろうか。最大の基準になっているのは、最高裁が作成するマニュアルを中心とする最高裁の判断である。

過去の判断を踏襲していれば、独自の判断力は求められないで済む。その一方で、最高裁はこうした状況を利用して、裁判官の統制を進めていく。

最高裁は現場の裁判官に、まずは事務総局が作成するマニュアルどおりの判断をさせようとしている。とはいえ憲法の「裁判官の独立」の規定がある手前、最高裁も露骨にそうした命令を出すわけにはいかない。そこで、次のようなさまざまな手法を取ることになる。こうした状況に危機感を有する現職裁判官である浅見宣義氏の著書『裁判所改革のこころ』（現代人文社）などを参考に、そうした実態を見ていこう。

まずは、「情報交換の研究会」という名目で事務総局が主催する「会同・協議会」という集まりが、現場管理に利用されている。これらの会合では、本来の自由な意見交換はなされないまま（その時間はお通夜のような雰囲気らしい）、最高裁の説明をひたすらメモする場になっているという。つまり上意下達になっているのである。

また、事務総局から下級裁判所宛に送られてくる文書も多く、これが現場管理に利用されている。「依命通達」「通知」「照会」といった、それなりの根拠のある文書のほか、文書の性格をあいまいにした「書簡」なるものがとみに増えている。たとえば「東京地裁で行われた適切な事例」の紹介といった内容のものだが、最高裁から出された文書であるだけに、これと異なる取り扱いをすることは事実上できなくなってしまう。

このほか、最高裁調査官から年一回出される「上告審からみた下級審の審理、裁判上の留意点」や、おなじく同調査官の手により出版されている「判例解説」などにも、同様の問題がある。

また、各裁判所から最高裁に対して行うさまざまな報告制度がある。こと細かな報告制度は、最高裁から箸の上げ下ろしまで監視されているという萎縮効果を現場に生じさせているという。

さらに悪影響を与えているのは、「事件処理についての不明点は、最高裁に何でも聞いてください」とするレファランス（照会）制度である。浅見裁判官は、「ただでさえ正解思考の若手裁判官に独立の気概を失わせる」という危険性を強く指摘する。

つまり、最高裁はまず裁判官を激務に追い込む。その上で、事案を深く考えないで済むように、こうした多くのマニュアルをつくる。そして、この**マニュアルに従わない裁判官を人事で冷遇する**。これでは、マニュアルどおりの裁判をやるよりほかなくなる。

・裁判官はほとんどみんな「強いものの味方」

筆者が思うに、最高裁事務総局が提示するマニュアルには、大きな原則があるようだ。それは**「強い者・大きい者を勝たせよ」**ということである。現場の裁判官は、マニュアルに具体例がない場合にも、この原則に従っておけば減点のリスクを避けることができる。

この「強い者・大きい者」の代表が、国をはじめとする行政機関である。ただし、行政機関にも序列（国つまり各省庁が一番、以下は都道府県、市町村の順となる）がある。

民間の場合には、大組織・大会社ほどいい。また、社会的地位の高い専門家（例えば医者）と一般人では、専門家の肩を持つだろう。

逆に社会的な地位が今ひとつという事業者と一般消費者との争いであれば、一般消費者を勝たせる。その典型が筆者も該当する不動産事業者だ。不動産事業者を負かしておけば、世論・マスコミ等を含めどこからも文句が出ないからだ。

もう一つ。一方のみが弁護士を代理人に立てている場合には、裁判所は弁護士の側に肩入れする。理由を推測するに、仲間意識のある弁護士のビジネスを考慮すること、弁護士のほうが社会的に強い存在であること、そして裁判の要領が分かっていない素人に裁判に出てきてほしくないこと、などによるものと思われる。

では、事務総局はなぜ「強い者の味方」をするのだろうか。おそらく自分の立場をより強固にする意味から、「強い者」（本当に強い者と、マスコミ受けする者の双方）を敵に回したくないのであろう。

結局のところ、裁判所にとって**社会正義の追求や真実の発見などは二の次**。とにかく御身の安全が最優先になっている。そして事務総局が、そうせざるを得ない状況に裁判官を追い込んでいるのである。

・筆者の経験

筆者が一審で勝訴していた行政訴訟での、東京高裁の法廷でのことだ。すでに双方の主張は出尽くしており、その場で結審し、間もなく判決が出されるという流れにあった。しかし貫禄十分の女性裁判長は、くだけた口調でこう言って首をすくめた。

「先日、この件に類する争いについての最高裁の判断が間もなく出る、という話を耳にしたんですよ。だからこっちで先に判決を出すわけにはいかないじゃない。うっかり出したりすると危なくっていけない（だから判決言い渡し日は、少し先に延ばしたい）」。

むろんこれは、自身の判決が最高裁で覆されることによる大減点を恐れての発言だ。まあ、ざっくばらんな裁判官という評価もできる。しかし法廷の場でそうした情けない実態を口外するのはまずいのではないのか。つまり法廷でこれらを外部に「うっかり発言しても危なくない」ほど、裁判官のヒラメぶりが進行しているということなのであろう。

いずれにしても最高裁は、あまり物事を考えないまま、最高裁の意図したとおりの判決を出す判決製造機のような裁判官をつくりたいのである。

2 裁判官のお寒い判断能力

ここでは、最高裁による裁判官統制その他の理由によって裁判官の判断能力がどれだけ低下しているか、についてさらにみていくことにしよう。

◆著しい裁判官の能力低下

・法を機械的にあてはめる裁判官
本来裁判官は、上下関係やマニュアルから独立し、自己の良心と責任において、事案ごとに背景事情を含む事実認定や法律の適用を判断していかなければならない。豊富な人生経験を踏まえて全人格をかけて判断をするという、裁判官ならではの自由心証主義である。しかし考えてみれば、こうしたいわば「放り出された」というべき状況ほどつらいものもなかろう。

多くの裁判官（とりわけ若手）は、社会通念の体得という基本的な素養に難がある。その結果、事実の多様な側面を十分に把握しないまま、法を機械的に当てはめてしまう。その生煮えの判断結果の妥当性を、社会通念の観点から検証してみることすらしない(できない)。

もっとも、ベテランや中堅裁判官の場合、「マニュアル依存判決」は、事務総局の露骨な人事政策から我が身を守るために「やむを得ず」行っている面もあるようだ。また、かなり少数ながらも、出世をあきらめた上で「我が道を行く」という良心的な裁判官も存在する。

たとえば、中堅・ベテラン裁判官約二〇人が、本書で掲げた問題などを真摯に追求するグループを設立している。「開かれた司法の推進と司法機能の充実強化に寄与すること」を目的として、平成十一年に設立された**「日本裁判官ネットワーク」**である。同ネットワークやそのメンバーからは、使命感に燃えた裁判官による建設的な意見の発信が多数みられる。

最高裁事務総局による強権的な司法行政が吹き荒れる中、こうしたメンバーの勇気ある行動には敬意を表しておきたい。

・あらゆる背景事情を理解できるのか?

ところで、裁判官の判断力のレベル以前に、一個人である裁判官に、あらゆる専門的な背景事情を理解するキャパシティがあるのか、という別の問題もある。

裁判所には国税の調査官が派遣されている。裁判官の理解力は税法まで及んでいないからである。れっきとした法律の一分野である税法でさえ、専門家のアドバイスが必要というのだ。であれば、それ以外の専門的な内容が裁判官に分かるとはとても思えない。

たとえば、平成十九年に判決が出された、静岡県浜岡原発の安全性についての裁判を考えてみよう。この裁判の争点は、「想定される東海大地震の規模と、それに対する耐震設計の妥当性」および、「浜岡原発の老朽化が耐震性にもたらす影響」の二点だった。結局、この裁判の判決は「耐震安全性は確保されており、原告らの生命等が侵害される具体的危険は認められない」というものであった。

しかし原発や地震についての専門知識を持っていないであろう裁判官は、本当に状況を正確に理解した上でこの判決を下したのだろうか。やたら忙しい裁判官が、この裁判のために原発や地震に関して基礎から猛勉強をしたとも考えられない。

筆者が専門の不動産についての裁判でも、同様の疑問が絶えず発生する。例えば、「市街化調整区域内にある土地の固定資産税評価」に関する裁判で、裁判官は「市街化調整区域」というものを、どれだけ分かっているのだろうか。

市街化調整区域は、不動産分野における基本的な用語なので、用語の意味は頭では分かっているかもしれない（本音を言えば、それすら不安）。しかし市街化調整区域の概念は、市街化区域の状況と比較しつつ、実際に該当する土地をあちこち見た実感がないと、本来の理解はできないのだ。

誇り高い裁判官は、「市街化調整区域が何であるか分からないからしっかり説明してほしい」とか、「実際に見て確認したいから現地に案内してくれ」などとは言わない。かといって、裁判の準備文書に全くの素人相手の説明文を挿入すると怒りを買う可能性があるし、現地を見てくれ、と頼んでも、忙しい裁判官からOKが出ることはない。

原発や不動産以外にも、医療関係を含む各種の先端知識、土木建築関係、経済現象から芸術にいたるまで、専門的な知識が必要な裁判は山ほどあろう。こうした世に存在するすべての状況を把握するなど、仙人でもない限り不可能である（いや並の仙人でも無理か？）。

しかし裁判においては、裁判官は高い席に座って仙人の如く振る舞う。全くの虚構なのである。

・判断から逃げまくり

筆者は社会科の教科書で、「裁判所は違憲立法審査権を有し、憲法違反にあたる立法をチェックする」などと教わったものだ。しかし現在、裁判所は、国の基本構造にかかわるこの重要な責務を実質的に放棄している。

その代表的な考え方は、昭和三十四年に砂川事件の裁判で最高裁が示した「統治行為論」。すなわち「日米安全保障条約のような高度の政治問題は、一見極めて明白に違憲無効であると認められない限りは、裁判所の司法審査権の範囲外」というものだ。

さらに最高裁は、憲法判断から逃避する根拠として、「国会の制定した法律の内容は、国会の自由な判断・裁量に任せる」という「立法裁量論」を唱えている。これは、朝日訴訟（昭和四十二年）をはじめとする、一連の社会保障裁判で出された下級審の違憲判決（憲法の最低生活保障の権利に違反する）を覆すに際して示された。

これらの最高裁の姿勢を反映して、それ以後は「違憲の判断自体をしない」という考え方が下級審にも定着した。考えてみれば、これまで国（立法や行政）の方針が、裁判の判決によって大きく方向転換したことはないに等しい。

現実問題として、すでに世の中に適用されている法律を失効させてしまう違憲判決を出すのには、大変なエネルギーや覚悟が必要になるだろう。それは分かるにしても、この状況はあまりにお粗末といわざるをえない。

裁判所が違憲立法審査をしなくなってしまった最大の理由は、自己保身であろう。国会や行政府（内閣）など他の国家機関からの干渉を防ぐために、裁判所は一種の懐柔策・馴れ合いを行ってきたのである。

しかし筆者は、もう一つ自己保身以外の理由もあるように思う。それは「現在の裁判官には、そもそも**違憲の判断をする能力がない**」ということである。つまり彼らのほとんどは、社会経験が少ない「ガリ勉型のお利口さん」にすぎない。そのような裁判官に、広い見識や総合力が必要な憲法判断を求めるのはあまりに酷といえよう。

結局、統治行為論や立法裁量論などの逃げの口実にすがるしかないのである。

・鑑定評価書との類似性

裁判・判決文に似たものに、筆者も昔それなりに書いていた不動産鑑定評価書（鑑定書）がある。鑑定書は判決書と同様、判断の結論やその根拠を書いた書面である。

そもそも不動産鑑定士も、（かなりレベルが違うとはいえ）裁判官と同様にペーパー試験でその権威を付与されている。その主な任務が「判断」という点も両者に共通である。そして鑑定士も、「自由心証主義」というべき考え方により評価額を判断している。

しかし現実の不動産を判断する力は、ペーパー試験に合格しても得られるものではない。不動産事業者が行っているような、現場での「物件を見る力」を養成していかないと実力は付かないのだ。おまけに評価対象となる不動産は個別性が強く、一つとして同じものはない。にもかかわらず「難関試験合格者なのだから判断できるはず」といった、とんでもない誤解に基づいて、お気楽かつ拙劣な鑑定評価をしている人がかなり多い。

難しい物件を前に、当初は悩みつつ評価を行っていた人でも、それがたび重なれば感覚が麻痺していく。怪しげな判断を何とも思わなくなってしまうのである。

こうした鑑定士は、ほとんどの物件を依頼者が望む評価額にしてしまう。その過程では、国交省が素人向けの「アンチョコ」として作成した「土地価格比準表」に頼る。その後は、鑑定評価書のつじつまが合うかどうかをチェックし（不当鑑定で訴えられるとまずい）、さらには、この評価額が依頼者から強い反発を受けないで済むかを考える。

この一連の作業に際して、評価額の妥当性などはあまり頭にない（そもそも妥当性の判断力をどの程度有しているのかも疑問）。そして妥当性に関しては、「不動産鑑定士の判断」という「権威」で押し切ってしまう。鑑定評価書にはこうした遺憾なものが少なくないのである（こうした鑑定評価への批判の詳細に関しては、拙著『公示価格の破綻』（水曜社）ご参照）。

こうした状況は、裁判官が下す判決に酷似しているように思えてならない。まず、裁判官に必須である「社会通念の涵養」は難関試験合格では得られない。だから「判決がズサン」という正当な感覚も安易に麻痺してしまう。また、判断に迷う事案は事務総局作成の「アンチョコ」に丸投げする。

判決文は、つじつまを合わせることと、最高裁からの反発を防ぐことを最優先する。社会正義の面での妥当性に目配りしている余裕などない。そして最終的に、これを権威で押し通すのである（鑑定士である筆者には、そうした心理が透けて見えるような気がするわけだ）。

とはいえ、個々人の判断の自由がかなり確保されている鑑定士に比べ、がんじがらめにされている裁判官の方が、はるかに厳しい状況にある。だから、ひたすら最高裁の意向を意識して判決文を書くよりほかない。この点は、裁判官に心からご同情申し上げるしだいである。

◆「要件事実」という不可思議な判断方法がまかり通っている

今日、民事訴訟における裁判官の判断は、「要件事実」に基づいて行われている。つまり、裁判対象になっている事件の中から、法律に関係する事実だけを抜き出して、それを最大の判断要素にしているのである。この方法なら、確かに「誰が担当しても同じ判決」の方向には近づくかもしれない。しかし、そのために、事件ごとの背景事情を考慮した「血の通った判決」からは、離れていっているように思えてならない。

・要件事実とは

法律は、法律上の効果（権利や義務の発生など）と、その効果が発生する場合に必要となる「要件」を定めている。そして、要件に当てはまる具体的事実を**「要件事実」**といい、司法修習生は、徹底してこの要件事実を基に判断するよう教育を受ける。

つまり、要件事実と、「なぜそのようなことが生じたのか」といった背景の「事情」とを区分し、事情よりも要件事実を重視して判断を行っているのである。

このように説明してもわかりにくいので、『裁判官が日本を滅ぼす』の中であげられている例に基づいて説明することにしよう。

アパートの大家が、数カ月家賃を支払わない店子に、部屋を出て行ってほしいと告げるが、店子は居すわって首をタテに振らない。そこで、大家が店子に対して建物明け渡しの訴訟を起こしたとする。

この例の場合の要件事実は、「賃貸契約が結ばれていた」、「数カ月家賃が不払い」、「大家が契約解除の意思表示をした」という三点になる。この要件事実がそろっていれば、裁判官は「部屋を明け渡せ」という判決を出すことになる（家主の勝訴）。

だが、店子側に事情がある場合もある。たとえば、このアパートには空き巣が入ったことがあり、大家が無用心だからと、「家賃の支払いは多少遅れてもいいから」と店子に口約束して入居してもらったとする。しかも、実際これまで一～二カ月の家賃の遅れは大目に見てもらっていた。ところが、今回はいきなり訴訟を起こしてきた、といったケースである。

しかし、こうした背景事情があっても、ほとんどの場合、判決には影響しない。背景事情よりも要件事実のほうが優先するからだ。

『裁判官が日本を滅ぼす』では、この例を挙げたあと、裁判官をロボットに例えてこう続けている。

「個々の事情はすべて排除され、一定の要件だけをコンピューターにインプットするロボットをひたすらつくりつづけているのである」。

・要件事実論の蔓延

要件事実論という名の判断の手抜きは、少なからぬ裁判で猛威をふるっているように思う。

実は、筆者も裁判で要件事実論に出っくわしている。ある行政訴訟で、先方の主張を準備書面で徹底的に批判した。これに反論できなかった先方の弁護士は、法廷でこう発言したのだ。「原告さん。ここに書かれている内容は「事情」ですよね。単なる「事情」にすぎませんよね」。

行政訴訟はすでにベテランの域にあると自認していた筆者にも、その時点では、この発言の意味がさっぱり分からなかった。同席していた実力弁護士に閉廷後にこの意味を聞いたが、その部分に限って明快な説明がなかった。「法律業界の妖怪（?）」ともいうべき要件事実論を説明する気になれなかったのかもしれない。

どうやら当方が行った主張が、要件事実には該当していなかったらしい。つまり先方は、「そんな事情に過ぎない主張はほとんど意味をなさい」という点を、裁判官にアピールしようとしていたわけである。筆者がやっとその本来の意味を理解したのは、約一年後のことだった。

実は、要件事実論は法律には定められていない。大学で法律を学ぶ一般の学徒はこれを知らないことが多いし、従来は司法試験にも出題されなかった。最近では、法科大学院で教えているようだが、これまで要件事実論は、司法修習生になってはじめて教わるものだったのだ。いや、むしろ司法修習の集合研修で学ぶのはこれだけ、といわれるぐらいに徹底的にたたき込まれるようだ。

・要件事実論批判

しかし、要件事実を偏重する裁判はどう考えてもおかしい。現実に起きる事件では、背景事情が要件事実と同等の重要性を持つケースは少なくない。中には、要件事実よりも重要な背景事情もあるだろう。そもそも、背景事情は要件事実とからみあっているのであり、本来この両者を強引に切り離そうと考えること自体に無理があるのではないか。

筆者は、最も有能な裁判官は、先に述べた「横町のご隠居さん」のような人であると思う。そして、その判断が皆に支持されていたのは、とことん背景事情を考え抜いた上で結論を出していたからであろう。確かに今の世の中は、横町のご隠居さんの時代と比べれば桁外れに複雑になっている。しかし、いかに複雑になっていようと、背景事情を切り捨ててしまった判断では、説得力のある結論が得られるとは思えない。

さらに筆者にいわせれば、要件事実論とは、「世の中のしくみにさして理解がない人であっても、もっともらしい法律的な判断ができるかのように見せかける虚構のテクニック」であるようにさえ思えてしまう。

何よりこうしたやり方は、裁判の審理を著しく形骸化させる。国民はこのような裁判は望んでいないはずだ。ましてこれは法律に定められていない。結局この要件事実論は、憲法が国民に保障している本来の**「裁判を受ける権利」**を失わせているとも考えられるのである。

◆低レベル裁判官の実例

・仰天判決事例

この章では、裁判官のレベルの低さを取り上げているが、その驚くほどの低レベルは、実際の裁判を見れば一目瞭然である。低レベル裁判の実例は、『裁判のカラクリ』（山口宏・副島隆彦著、講談社）や『司法腐敗』（山口宏著、ＰＨＰ研究所）などの本でも取り上げられているが、特に『裁判官が日本を滅ぼす』（門田隆将著、新潮文庫）には、裁判官の無能・異様ぶりを示す仰天判決がどっさり紹介されている。

この本のおすすめを兼ねて、掲載されている事例のいくつかを簡単に紹介しよう。

■大手都市銀行が、自宅を担保にしたアパート経営をすすめる詐欺的な融資を行うが、裁判所は全面的に銀行を擁護。契約書には被害者の正当性を証明する文言が明記されていたのにもかかわらず、なんとそれを「誤記」とする銀行の主張を認めてしまう（ちなみに、銀行の顧問弁護士は裁判官の退職後の有力な天下り先だという）。

■千代田生命が行っていた乱脈融資を内部告発した元役員が、同社から訴えられ二一・五億円を賠償せよとの有罪判決を受ける。千代田生命は、この判決後二年足らずでこの乱脈融資などにより破綻している。この告発により乱脈に巻き込まれないで済んだ関係者は極めて多いのであるが、裁判官は、こうした内部告発の社会的意義をまったく理解していない。

■殺人事件の被害者の父親が週刊誌に手記を書いたところ、加害者から名誉毀損・プライバシー侵害で訴えられ、三〇万円の損害賠償判決を受ける。残虐な殺人犯が、自己のプライバシーを異様なまでに厳密に主張する資格があるのか。裁判官にはそのバランス感覚がない。

■農水省と自治体の癒着疑惑を報じる雑誌記事が名誉毀損で訴えられる。疑惑は事実として存在しており証言者もいるにもかかわらず、二〇〇万円の損害賠償判決を受ける。裁判官は、役所の公式発表以外のものに厳しい立証責任を課すが、それでは役所の不正記事を書くことができなくなる。

■「自殺するのは勝手だ」と放言する裁判官、法廷で九五歳の老人を脅しつける裁判官、など無神経かつ非常識な裁判官の発言の例。

『裁判官が日本を滅ぼす』には、以上のほかにもまだまだ仰天事例が掲載されている。この本を読めば、筆者が述べてきた裁判所、裁判官の驚くべき実情を、より一層ご理解いただけるものと思う。一読を強くおすすめしたい。

3 おかしな裁判官ばかりになってしまった理由を考える

ここまで、まさに疲弊・衰退してしまった裁判所・裁判官の現状を、さまざまな観点から批判してきた。しかし、それでは裁判所はなぜ、ここまでひどい状態になってしまったのだろうか。その点に関して謎解きをしてみたい。

◆ペーパー試験と本来の実力

司法が退廃した理由の大なる部分は、人材の登用にペーパー試験至上主義を採用していることにあるように思う。そして、この欠点・弊害は、中央省庁のいわゆるキャリア役人にも共通している。

そこで、裁判所についての具体論に入る前に、ペーパー試験偏重がわが国全体にどのような影響を与えているかを見ておきたい。

・公務員に求められるもの

そもそも、上級公務員として求められる要素、人材はどのようなものであろうか。結論からいえば「**強い使命感を有しこれを失わない人**」となるだろう。使命感を分解すれば、正義感、倫理感、判断力、実行力などになろう。

また、外交官であれば折衝力や語学力、裁判官であれば社会通念に精通し人の気持ちが分かること、防衛や警察であれば決断力・実行力のように、職種に応じて特に求められる要素もあるかもしれない。

もちろん行政をリードする公務員には、ある程度の知的レベルも求められる。決断を下すには、既存の法規定の内容や背景事情の理解が必要となる。したがって、相応のペーパー試験的実力も必要ではあるだろう。

しかし、使命感と知的レベルを比較すれば、明らかに前者が優先される。今日のわが国の惨状は、後者のみを最優先し、前者を全く無視したことに起因している。使命感さえあれば、ガチガチのペーパーエリートでないことはさして問題にならない。そしてこうした「強い使命感を有しこれを失わない公務員」こそが優秀と称されるべき人なのである。

ところが何やら、「優秀」とはペーパー試験に強いことを指す、という恐るべき誤解が蔓延している。芸術面で優秀、運動・スポーツ面で優秀、創造力や精神面で優秀というように、優秀と称される重要な分野は多方面にあるにもかかわらずである。

ペーパー試験に強い人は単にペーパー試験に強いだけの話である。仮に「ペーパー試験に強い人は、使命感も人一倍有しているに違いない」などというのは、「彼は短距離走がすばらしく早いのだから、絵を描かせてもうまいはず」といっているようなものだ。

確かに、いわゆる「頭がいい」ということはいえるのであろう。しかし、それとて用意された正解にいかに的確に到達することができるか、というだけの話だ。じっくり腰を据えて物事を考える、あるいは斬新なアイディアをひねり出す、といった能力まであるとは限らない。

中にはそうしたペーパー的に優秀な公務員が必要な分野もあるだろう。その場合は、それらの人を専門職として雇えばいい。世の中には、使命感はもちろん営業力や企画力の伴わないペーパーエリートも多いはずだ。そうした人は、いわば高度技能者である「職人」として利用すればいいのである。事実、今の省庁においても、具体的かつ精密な実務は、いわゆるノンキャリ（専門職）が担っているではないか。

キャリア組にしても、試験合格の当初は、まだ純粋な気持ちを失っていないケースが少なくなかろう。そのまま使命感を持ち続けていけば、本来の意味で優秀な役人に育つことも大いに期待できよう。しかし、既存の役所のシステムは、そうした気持ちを一気にスポイルするようだ。だから近年は、組織に絶望した少なからぬ若者が役所を辞めていくという。

あくまで行政機関のリーダーは、本来の国家・国民のための行政を行わなければならない。それには何より「朱に交わっても赤くならない」使命感が必須なのである。

・キャリア役人は無能である

確かに戦後の約十数年間に関しては、諸外国に追い付き追い越せという号令のもとに、高級公務員もしっかりした使命感にもとづき、国をうまくリードしてきた。この時代の公務員に対して、「優秀」と表現することにはやぶさかではない。

しかしその後、わが国が経済大国になりまた安定感を増すにつれ、高級公務員は驕り高ぶるようになった。その挙げ句、彼らの発想の中心は、「**自分自身がいかに社会的に優越し心地よい安楽な人生が送れるか**」となる。そしてそのためのシステム（天下りなど）を作ることを第一義とするようになっていった。さらに年を経るにつれて、そのシステムを強固なものとしつつ、今日に至るのである。

考えてみれば、国際競争力を有する優良企業で、上級公務員の採用のように、ペーパー試験と出身大学・学部を異様なまでに重視しているところはない。この大競争時代にそんなことをやっていたら、すぐ没落してしまうからだ。そのことがこの問題の本質を物語っているともいえよう。

いまや中央省庁は本来の使命を放擲し、幹部役人のための利益共同体に転化している。そんな組織内でぬくぬくとやっている輩が優秀なはずがない。現在の高級公務員の最大の欠点は、社会的に無能というべき状況にあるにもかかわらず、自身を優秀と認識している点であろう。要するに特大の思い上がりである。

たとえば、外務省の甘っちょろい役人が、命がけで時の権力に尽くしている百戦錬磨の北朝鮮や中国の外交官と折衝してもかなうはずがない。彼らは折衝に失敗すればあっという間に飛ばされるし、下手をすると投獄すらされかねないのだ。

仮に本当に優秀であれば、官僚たちは民間に転じてもそれ相応にやっていけるはずであろう。実際はそれが無理ということをよく分かっているからこそ、強固な天下りシステムを作る。そしてそこで怠惰きわまる生活を送る。

役人が公益団体に利権を流しそこに天下る。こうした現状はすでに広く知られているが、いまだなくならない。公権力を背景にこれを世に強要し、それへの批判を（政治家やマスコミを味方につける等により）巧妙に押さえ込んでいるからである。

・恐るべき勘違い

思うに、人生は自身が有する力量と自意識（プライド）との追いかけっこではあるまいか。本人の力量が上がれば、それに相応する誇り・プライドといった自意識を持つのは何の問題もない。ところが力量以上の自意識を持ってしまうと、自惚れや傲慢という具合の悪い状態になる。いわゆる「勘違い」である。

一方それとは逆に、力量よりも少ない自意識であれば、謙虚・奥ゆかしいということになる。やはり謙虚さはうつくしい。「実るほど頭を垂れる稲穂かな」とはよくいったものである。

高級公務員は、まさにこの「勘違い」現象の最たるものといえよう。彼らはおそらく研修などの場で、強烈にエリート意識を煽られているのだろう。狙いは、その組織への忠誠心を植え付けることだ。「君たちは選び抜かれたエリートだ。そしてこの国を支えるのは優秀な我々しかいないのだ」。こういわれれば、一気に舞い上がってしまう。そして、自意識を恐るべき水準に引き上げてしまうのである。

ある鉄道会社の宣伝のコピーに「きのうのすごいが、あすの普通になる」というのがあった。自意識・プライドはまさにこれである。すごいレベルに自意識を引き上げるときはこの上ない快感を味わうが、引き上げた後はすぐにこれが当たり前になってしまう。よそから見れば「すごい」水準なのだが、本人にとっては「普通」なのだ。再度快感を味わいたいと思えば、さらに自意識を引き上げるしかない。自意識はおそろしく始末が悪いのである。

◆キャリア役人階級論

・階級の認識

筆者は、これまで何人かのキャリア役人と接してきたが、現実に彼らの思い上りは底抜けのレベルにある。こうした経験から最近強く思うようになったのは、どうやら彼らは、キャリアという自身の立場を**「階級」**と考えている、ということだ。しかもそれは、「社会的に優越した心地よい人生を送ることが当然に認められている階級」という空恐ろしいものなのである。

確かにキャリアという立場に、国という組織から与えられた職務をこなす「役割・職位」ではない。役割であればそれが終了すればその立場を終わる。また、役割に課せられた期待を裏切れば、責任を負う形でその立場を失う。

しかしいまやキャリアは階級であるから、何があってもその地位は守られる。失態を演じても、さらには意図的にズルをしても、ほとんど責任をとる必要はない。せいぜい階級の内部の序列が変わる程度で済んでしまう。また特に努力や競争をしなくても、その階級から外されることはない。

つまり、階級内部の序列を気にしない限りは、のほほんとしていても「社会的に優越した心地よい立場」にいることができる。その職位を離れてさえも、天下りなどによりその優位性を失うことはないのである。

内部活力のある民間企業では、背水の陣による大仕事へのチャレンジや、組織内外のライバルとの真剣勝負を通じて社員は鍛えられ、真の実力がついていく。その一方で、仕事に失敗すれば当然に相応の責任を負う。

ところが「階級組」には、こうした厳しい鍛錬の場がほとんどない。これでは両者の力量は徐々に差がついていく。したがって、キャリア公務員が責任ある立場についた頃には、さして力量の伴わないプライドだけの人ともいうべき存在となっている。「階級」の認識は、自身をもダメにしてしまうのである。

・よりたちの悪い「階級」

このキャリアという「階級」は、かつての封建制度の階級に比べてもたちが悪い。彼らは、熾烈な競争の末にペーパー試験に合格したために、自身の力でこの階級を得たと考えているからだ。

つまり、士農工商といった生まれつきの階級とは違う。そのため「士に生まれたからにはかくあるべき」といったいい意味での束縛がない。英国等の貴族が有しているとされる「ノブレスオブリージュ」という義務感も持つ必要がない。

だから、彼らは民間の天下り先でも、当然のように「優越した心地よい人生を送る」権利を要求する。民間がこれを拒否しようものなら、元の中央省庁から強烈な圧力をかけさせる。こうした行為を理不尽だと思わないのは、やはりキャリアを階級と思っているからなのだ。

現実に、天下り体制を維持するために膨大な税金が使われているわけだが、彼らはこれにも平然としている。

ところで、こうした批判をすると、「そんなことを言うのなら、あなたも公務員試験を受ければいいではないか。受験の機会は平等に与えられているのだから」という反論がよくなされる。しかしこれは論理のすり替えである。受験機会の公平性が保たれているのは当たり前。そのことを批判しているのではなく、「公務員試験合格者の資質・待遇」が問題だといっているのである。

明治に入ってからかなりの期間、政治・行政の世界では藩閥が跋扈していた。しかし、薩長等の出身者も、藩閥に問題があることや世間から批判されていることは十分知っていた。したがって彼らは、「藩閥の恩恵に浴しているとはいえ、単なるぼんくらではないぞ」という気構えを持って、任務に精励していたように思う。たとえば、一時期を除き不正や汚職は皆無だったという。要するに、使命感はしっかり維持していたのだ。だからこそ、驚異的な近代化策を成功させることができ、欧米列強に追いついていったのではあるまいか。

・国を破綻させたペーパー試験組

しかし、明治の終わり頃から、政治の実権は、高等文官試験（高文）や陸軍大学（陸大）出身者といったペーパー試験組に移っていった。そして、いつの間にか彼らは、与えられた地位について、「優越した心地よい人生を送る」ことが保証されている「階級」という認識を持つようになった。

そしてわが国は、無意味かつ絶望的な戦争へ突入していく。その結果、内外の極めて多数の人々を戦争の惨禍に巻き込み、そして敗戦を迎えた。これを、「優越した心地よい人生を送る」ことに腐心する無能極まる軍部や官僚が引き起こした一大不祥事、と表現することにはそう飛躍があるとは思えない。優秀であるとされていた戦略・戦術も、実は赤子レベルであったこともよく知られた事実である。

しかも、多数の一般国民を（特攻隊を含め）死に追いやった一方で、多くのエリート軍官僚がのうのうと生き残った。そして何ら責任をとらないまま、平然と高額な軍人恩給を受け取った。まさに彼らは最後まで「優越した心地よい人生を送った」のだ。

『文藝春秋』の平成二〇年十一月号の「新・官僚亡国論」には、元大蔵省・内閣補佐官の高橋洋一氏による、目をむくような話が掲載されていた。同氏が大正初年生まれの陸大卒エリート軍官僚から聞かされた話で、「今も忘れることができない」という部分を引用する。

「彼（軍官僚）は、陸大時代の仲間の死亡率はわずか三％ほど。同年代の兵士は一〇～二〇％に達するだろうと言った後に、〝もし再び戦争が起こりそうになったら、息子さんを陸大に入学させるといい。よほどの激戦地の司令官にならない限り死ぬことはない。戦争で死ぬのは運が悪いのではない。考えが足りないのだよ〟と呟いたのである」。

使命感のかけらもないペーパー試験組に国を任せた報い、といえるのではなかろうか。

海外に目を転じると、中国ではかつて科挙という絵に描いたようなペーパー試験が行われていた。この合格者を高級公務員に登用していたのだ。しかし科挙の合格者は、与えられた権力を背景に大変な規模の不正・腐敗を横行させたという。彼らも同じように、自らの身分を「階級」と認識していたに相違ない。

・裁判官の場合

さて、上級公務員試験と同様の難関である司法試験の合格者も、強いエリート意識を持っている。とりわけ裁判官は、東大や京大の出身者で若くして合格（つまり試験は一～二回で合格）という、とりわけ濃いエリート色が好まれる。おまけに、司法修習における成績も優秀でなければならない。

つまり裁判官は、一般省庁のキャリア役人とおおむね同じ人種となる。また、双方がそうした認識（広い意味での仲間意識）を持っている。外部に対して大変なエリート意識を有している点も同じである。

そして裁判官も、キャリア役人と同様「無能」といわざるを得ない状況にある。理由は、法解釈の前提となる一般常識・社会通念に人並み外れて疎いことである。そして「人並み外れて疎い」のは、彼らの多くが、ペーパー試験に明け暮れた青春をおくってきたことが原因であると思われる。

ところが、裁判所の内部では「ペーパー試験に強いのだから社会通念にも強いはず」といった、奇妙な考えが支配しているとしか思えない。これまで例示したような、とんでもない判決が出てくるのは、こうした裁判所の内部状況が関係しているのだろう。

要するに、問題の根源は、試験一点張りの生活で自己を確立しないまま試験に合格してしまった人のみを、裁判官に採用しようとしている点にある。つまり、自身でものを考えることが少なく、人に言われたことを従順に受け入れやすい人である。こうした人が、さしたる抵抗感も持たないまま、最高裁など上部機関の指示に従う。その結果、行政訴訟では「とにかく行政を勝たせる」状態になってしまっているのである。

◆勝ち組裁判官の堕落

先に一般の中央省庁幹部に関して、「階級論」を含めた傲慢・堕落ぶりを批判した。しかし同じペーパーエリートであっても、裁判官の場合は、一般省庁幹部とは様相が大きく異なる部分があるように思われる。

ここでは、「裁判官の堕落」について、筆者独自の考えや推測を交じえながら斬り込んでいきたい。

・裁判官の大目標はキャリア役人と同じ

すでに見てきたように、今日の最高裁事務総局は裁判官に対して、恐怖政治を強いているといってよい。それでは、事務総局に帰属する超エリート組は、何を目的にこれをやっているのだろうか。その結論はただ一つ。キャリア役人と同様の「優越した心地よい人生を送る」という「大目標」である。

行政官僚化が進む以前の「牧歌的な時代」であれば、裁判官も創意工夫により、自身の理想を追求する裁判が行えていた。内部的な「裁判官の独立」も確保されていたし、違憲立法審査権をはじめとする、法制度全般へのチェック機能も正常に働いていた。そうした壮大な判断や権限の行使は、裁判官にとって大変な魅力であったはずだ。であれば、エリート裁判官である彼らも、人員や体制を整備した上で背景となる社会事情の研究を自主的に行うなど、裁判という仕事自体に十分なやりがいを見い出したはずだ。

仕事に十分なやりがいが感じられれば、歪んだ「優越した心地よい人生」ばかりを追求する生き方は、虚しくなってこよう。

しかし、政権側からの強烈な外圧により、「牧歌的な状況」が許されなくなっていった。権限も制約され、裁量で判断できる範囲も狭められてしまった。結局、彼らはそうした状況に適応するよりほかなくなってしまった。そして、その適応の過程で、彼らは中央省庁の高級公務員が追い求めているような、「優越した心地よい人生」に人生の目標を移していったのではあるまいか。

ただし、裁判所における「優越性」は、一般の省庁とはかなり異なるように思われる。一般の省庁のキャリア公務員は、単に昇進が早いだけでなく、民間や自治体と密に接触する機会がある。となれば、そのような場で民間に対して権限を振り回すこともできるし、出先機関や自治体に出向して大幹部におさまることもできる。つまりかなり若いうちから、「優越した心地よい思い」ができる立場が確保されているのだ。

ところが、裁判官には、そうした「いい思い」をする場がほとんどない。将来の天下り先すらほとんどない。あるのは単に一般職員との身分の差だけ。法廷で弁護士を含む裁判関係者を見下したりしても、そうおもしろいとも思われない。そこで、次のような特殊な手法が編み出されていったのではないだろうか。

・内部支配の現状を推測すると

裁判所内部における優越性の発揮の手段は、「出世」である。つまり、裁判官というエリート組のみで行われるレースでの勝ち抜き競争である。そしてこのレースの勝者が事務総局などのエリートコースを歩むことになる。

さて、その高いレベルの競争での勝者になると、それにふさわしい優越性を発揮したくなるのは人情であろう。しかし上記のように裁判所には、外部に対して権限を振り回せるような場がほとんどない。そこで事務総局に配属されたレースの勝者は、同僚の裁判官を優越感の対象にするのではないだろうか。つまり他の裁判官を陰湿に支配するのである。

レースの勝者として、同じ立場にあった敗者（しかもエリート）を支配するほど気分のいいことはないだろう。たとえば、あちこち転勤させる、給料に格差をつける、昇格人事を操る、仕事で追いまくる……。むろん、これをやられる側はつらい。そうであればあるほど、やる側はより一層の快感を覚える。劣等感と優越感は裏返しの関係にあるからだ。

競争の勝者になると、こうした人事を含むあらゆる権限が手中に収まる。組織は、あらゆる面で勝者として遇する。次の勝者を目指す後輩からも羨望のまなざしで見られる。三権の一角を占める司法界を牛耳ることとさえ可能とするこの勝者という立場は、底知れぬ魅力を有している。

こうした体制を続けるためには、疑問を持たずにこのシステムを維持してくれそうな人（つまり自分らと同質の人）を後継者とする必要がある。そうでなければ反乱を起こされるかもしれない。そこで、裁判官の採用時には、ペーパーテストに強い「在学中の合格者」等で、官僚統制に馴染みやすい従順な者のみを選ぶ。そして彼らを純粋培養して後継者としていくわけだ。逆に、若くて優秀であっても、自分の考えをしっかり持ち「おかしいものはおかしい」などと言いそうな者は任官を拒否する。

裁判官の待遇は、身分、給料をはじめ任地など、あらゆる部分で差別化が図られている。そのことで、出世意識を高めさせ、相対的な勝者により強い帰属意識（もっといえば**最高裁への忠誠心**）をもたせる。それとは逆に、従順でない者にはとことん惨めな思いをさせる。こうして、支配者である事務総局に隷属させる――そんな手法が取られているのではないか。

その一方で、法壇の高さに象徴されるように、個々の一般裁判官には外部に対してのエリート意識を持たせる。一般国民とは隔絶した特権的な立場であることを認識させることで、ハードな仕事や処遇の不満を抑え込むわけである。

むろん、こうした管理を受ける一般の裁判官はかなりつらい。しかし裁判官を辞めようと思っても、おいそれと弁護士業務ができるとは思えない。それゆえ惨めな立場にならないように事務総局に迎合し、保身を図るのである。

・外部への対応

ただし、こうした異様ともいうべき内部支配を続けていると、強い力を有する外部（政権政党や各中央省庁など）から何かいわれるかもしれない。その意味からも、外部から干渉されないように、事前に彼らを満足させるための配慮を最大限に行う。つまり「強い者の味方」をすることにより、外部から「裁判所体制の独立」を図るわけだ。

ここにも、行政訴訟で裁判所が行政側を擁護する大きな理由がある。裁判で行政側を意図的に勝たせることにより、裁判所という組織に政権政党や役人が口を出せないようにしているのである。

考えてみれば、裁判所の出世頭は、三権の長である最高裁の長官に上り詰めることができる。財務省など他の省庁の最高ポストは、事務方の内閣官房副長官や内閣法制局長官程度に過ぎない。またあるレベルまで出世をすれば、かなりの等級の勲章が手に入るようだ。司法における出世の価値は極めて高いのだ。

結局のところ、司法界を牛耳る**最高裁事務総局に、理念や哲学があるとは思えない**。「大目標」の達成のためには、社会がいかようであれ、この国がどうなろうとほとんど関心がないとしか思えない。第二章でも述べたように、平気で違憲・違法行為を行っているのが、その何よりの証拠だ。法の支配や社会正義の実現、さらには真実の発見、人権の擁護といった多くのお題目は、「大目標」達成の手段として唱えているだけなのではあるまいか。

こうした考えを持つ裁判所のごく一部の支配者が、わが国の司法の全般を押さえている。まさに「嘆かわしい」の一語なのである。

第四章　役所や国に有利な判決ばかり出る行政訴訟の惨状

この章では、これまで述べてきた行政訴訟の実態や裁判所の現状を踏まえて、行政寄りの裁判になっている理由をいま一度考えてみることにする。

1　行政訴訟ははじめに結論ありきの八百長裁判

◆行政訴訟総論―行政訴訟はやるだけ無駄？

・勝てないため提起されない行政訴訟

「行政訴訟はやるだけ無駄」と言われている。とにかく裁判所は行政の味方をする。その手段を大別すると次の二つとなる。

まずは、本案審理（具体的な争いの内容）に入る前の段階で、訴え自体を門前払いしてしまう方法である。たとえば訴えの時期が遅い、訴える相手を間違っている、処分性がない、訴えの利益がない、等々。法の専門家である弁護士に依頼して訴状を作成しても、妙な理屈によって訴えが却下されてしまうのだ。

もう一つは、裁判自体で意図的に行政側を勝たせようとする、いわばえこひいきである。中立であるべき審判が一方の側に強力に肩入れしているのでは、ゲームは成立しない。しかし、行政訴訟では、露骨にえこひいきが行われる。

だから、行政訴訟をやろうとする人は少ない。そもそも相談した弁護士から「**勝てっこないからおやめなさい**」と言われているはずである。つまり、実際に提起された行政訴訟件数の数十倍の人が、不当な行政に泣き寝入りをさせられていると考えなければならない。

それは、近年における一年間の行政訴訟の提起件数についての国際比較が明示している。すなわち、わが国が約二〇〇〇件であるのに対して、ドイツでは約五〇万件、フランスで一二万件、アメリカで三万七〇〇〇件である（日弁連司法改革実現本部編『司法改革』（日本評論社）平成十七年二月発売より）。したがって、この提起された二〇〇〇件は、「これなら勝てるはず」といった事案が大半であると考えられよう。こうした少数精鋭案件であるにもかかわらず、行政訴訟の原告の勝訴率は約一〇％程度（一部勝訴を含む）に過ぎないのである。

筆者の本業は税理士である。実は、筆者が仕事上関わる税務処理の実務面でも、当局による違法色の強い指示や運用が行われている。しかしこれを改めさせるには、事実上裁判を起こすよりほかない。しかし、裁判の現状を考える限り、勝てる見込みはほとんどない。だから心ならずも、違法と思われる当局の運用に従わざるをえないのだ。裁判所のこうした行政隷属的な姿勢が、国税当局による大量の違法行為を可能としている。

こうした状況はどの行政分野でも同じはずだ。裁判所が行政の違法行為を容認するからこそ、今日のような一部デタラメともいえる行政が罷り通っているのである。

・国家賠償法

一般に、行政の違法行為によって損害をこうむった場合には、いくつかの方法で「不服申立」や「行政事件訴訟」を起こすことができる。このほか、国の損害賠償責任について定められた、国家賠償法（国賠法）があり、この法律に基づいて訴訟を起こすこともできる。ちなみに、筆者も何度かこの国賠訴訟を争っている。

国家賠償法は、全体でわずか六条しかないが、規定の本命である第一条第一項にはこう定められている。

「国または公共団体の公権力の行使に当たる公務員が、その職務を行うについて、故意または過失によって違法に他人に損害を加えたときは、国または公共団体が、これを賠償する責に任ずる。」

規定自体の内容はリーズナブルといってよいだろう。ただし、裁判所による実際の解釈・運用で、ほとんどの主張がはねつけられてしまう。この点を、この条文における「故意または過失によって」という部分に関して考えてみよう。

第一章でも述べたように、わが国では、無実の被疑者に自白を強制することによる冤罪事件が多発している。被疑者のアリバイを証明する証拠があっても、捜査機関がこれを隠したまま起訴・求刑することだってあるし、さらには証拠の捏造さえ行うこともあるのだ。要するにでっち上げであるが、こうしたケースでも裁判でほとんどが有罪になってしまう。

ところが、有罪判決が出たあとで、真犯人が現れるなどして無罪が判明する場合がある。こうした被害者は、国家賠償法に基づき国に損害賠償請求の訴えを起こす。これはどう考えても、国が敗訴してしかるべきであろう。

しかし、この種の国賠訴訟で、国が敗訴する例は皆無に近い。その理由の多くは「捜査官等の故意・過失の立証不十分」である。しかし、警察などの被告がこうした立証に協力するはずがない。捜査権が全くない元被告人に「故意・過失を立証しろ」などと要求するのは無茶苦茶だ。

ただしこうした冤罪捜査には、過失はおろか証拠の捏造といった明白な故意がある。したがって、裁判官さえその気になれば立証は難しくない。裁判官が証人を呼んだり証拠の提出を命じれば、故意・過失の立証は簡単にできてしまう。つまり現状は、裁判官が法律とは無関係にひたすら行政側を守るために、これをやろうとしないだけなのである。

このような冤罪事件についての対応が、他のあらゆる国賠訴訟の実態を象徴的に表しているといってよいのである（とはいえ裁判所も、世の中が注目している事案には変なことはできない。間もなく提起されるであろう足利事件の国賠訴訟には、大いに注目していきたい）。

・国賠法への対応批判

この点に関して佐藤友之著の『これでいいのか日本の裁判』（平凡社）は、次のように本質を突いた指摘をしている。

すなわち、従来は車など「製造物」の欠陥に起因して事故を起こした場合に、メーカーに損害賠償請求するに際しては、民法の規定によりメーカーの故意または過失を証明しなければならなかった。しかし一般ユーザーには通常そんなことはできるはずがない。

一方昭和三〇年代末頃には、製造物に欠陥があれば、故意・過失の有無にかかわらず責任はメーカーに負わせるという考え方がアメリカに生まれた。こうした考え方は「製造物責任法」（いわゆるＰＬ法）に結実し、その後西欧等に順次広まっていった。そしてわが国においても、平成六年にやっとこのPL法が制定されたのである。佐藤氏はこう言う。

「PL法のもとで、故意・過失を立証しなくとも企業責任を問えるようになった。（そうであれば）「国民全体の奉仕者」たる公務員に加害を加えられたとき、故意・過失を立証しなければならないのは、どこかおかしくないか。」（『これでいいのか日本の裁判』。カッコ内は筆者による補足）

こうした「故意・過失の立証」の点を含め、裁判所は社会正義の観点から、国家賠償法について社会通念に沿った解釈を行わなければならない。

国賠訴訟に関しては、もう一点指摘したい。それは国の違法が認められ損害賠償責任を負うこととなった場合でも、事実上その損害を与えた公務員個人が賠償責任を負うことはない、という点である。確かに先に示した国賠法一条第一項は、（公務員個人ではなく）「国または公共団体がこれを賠償する責に任ずる」と規定している。

しかし規定は、公務員の個人責任を否定する文言になっているわけではない。それどころか、同条第二項には、「公務員に故意または重大な過失があったときは、国または公共団体は、その公務員に対して求償権を有する」と規定されている。しかし現実には、この求償権が行使されているようすは全くない。

この点については、**「公務員個人は被害者に対して直接責任を負わない」**が、**最高裁の確立した判例**になっているという。被害者が個人の責任を追及すべく懸命に争っても、裁判所はみな無罪にしてしまうのだ。最高裁は理由を特に示していないが、「被害者は国から損害を補填されているのだから、公務員個人までが賠償責任を負う必要がない」という考えであると思われる。

しかし故意または重大な過失により他人に損害を与えても、それが公務員であれば責任を負わなくても済む、とはどういうわけなのか。そのようなことは社会的公正の観点から許されるはずがなかろう。何より公務員には、「賠償責任を負わされるかもしれない」という第一章で述べた「ブレーキ役」が必要なのだ。

結局のところ最高裁は、ブレーキ役を設けて公務員の不法行為の再発を防止しよう、などという社会正義実現の意欲は持ち合わせていないのである。

◆行政訴訟では「ホームタウンデシジョン」が行われる

・裁判所の放言

ともすると一般の人は、最高裁のもっともらしい判決を見せられると、「釈然としないが、最高裁が言っているのだから法律的にはそういう結論になるのだろう」などと考えてしまう。マスコミの報道からも、そうした発想がうかがえる。しかし、それは明らかに誤りである。

たとえば、クロロキン訴訟の帰趨を決めた「薬害が、その薬品としての効用を著しく上回る場合でなければ、国の差し止め措置は不要」とする判断基準には、すでに述べたとおり何ら法令の根拠はない。ただ、最高裁がそう決めただけにすぎないのだ（先の「公務員個人は、被害者に対して直接責任を負わない」も同じ）。

ではなぜ最高裁は、このような判断基準を設けたのだろうか。それは、国を勝たせるにはこの判断基準が必要だったから、としか考えられない。つまり「とにかく国を勝たせる」という結論があり、次に「それにはどのような基準が必要か」を考えた上で設定されたのがこの判断基準なのだ。

それでは、このように「法が特に定めていないような場合」に適用される判断基準は、本来はどのようなものなのだろうか。それは、すでに何度か述べているように、「社会通念」となるはずだ。では、社会通念の観点から考えて、クロロキン事件の場合の差し止めの基準として、国は次のどちらを採用すべきであろうか。

1. 薬害が、薬の効用を著しく上回る場合にのみ、差し止めの義務がある。
2. 重大な危険が十分に予想されている薬は、(常用していた人の不便や製薬会社の売上減を考慮した上でも)、薬害を広めないために差し止める。

結論は後者に決まっている。危険な薬であることを知らずに使用して、命を落とす人が出るかもしれないのだ。社会通念の観点で見れば、最高裁は当然後者の判断をしなければならない。さらに、民法に規定されている「信義則」の規定を考えれば、法的にもそう判示しなければならないのである。

そう考えれば、この事件で裁判所は、実質的に法を無視して(もっといえば法をネジ曲げて)行政側を勝たせている。こうした例が非常に多いのだ。

たとえば、「足利事件」のような冤罪事件での捜査官の故意・過失は、立証を求めるまでもなく明らかである。築後七〇年のボロ家屋の時価はゼロである。これらは「美空ひばりは歌がうまい」と同様に疑いのない事実である。こうした明らかな事実まで立証せよ、などというのは難癖以外の何ものでもないのである。

・ホームタウンデシジョン

ボクシングには「ホームタウンデシジョン」というものがある。審判が試合の採点の際にその国の選手に意図的に有利な点を付けることにより、判定勝ちに持ち込むことをいう。要するに、えこひいきである。そして筆者の裁判での経験をもとにいえば、行政訴訟はホームタウンデシジョンの極地というべき状況にある。

最初は、相手側（行政側）もパンチを繰り出すし、こちらのパンチにも一応反撃してくる。しかし、ひとしきり打ち合った後にまるで勝てないことが分かると、もう打ってこない。そしてKO負けだけを避けるべく、ひたすら防御に回る。当方がいくら強打を誇っていても、ガチガチに防御を固められたらそう倒せるものではない。

おまけに、ピンチに陥ろうものなら、クリンチやら抱きつきやら反則を含め何でもやってくる。ダウンを奪われても、レフェリーはスリップダウンであると強弁する。結局のところ、完璧にKOしない限り、行政側の判定勝ちになってしまうのである。

筆者の経験してきた裁判は、皆こんな感じだ。とにかく最初はもっともらしい主張を行うが、当方の理論的な反論を受けるともういけない。たまに再反論もあるが、それも批判し尽くすと「反論不要」などと言って黙りこくってしまう。

裁判所も、これを放置する。裁判官の顔には「無理に反論をしてボロなど出すなよ。このままでも勝たしてあげるから」と書かれている。こうして、本来は楽勝のはずの裁判でも負けてしまうのである。そもそも筆者は、法的にも絶対に勝てると思われる裁判しかやらないようにしている。つまり、一部にでも行政側に利のあるような事案には、手を出さない。それでも負けてしまう。

しかし、法の最終判断を行う最高裁がおかしい場合、その不当性をどこに訴えたらいいのだろうか。黒を白と言いくるめる今日の行政訴訟。これではどうにもならない。この現状を世間の人に訴えたい、「助けてほしい」という悲鳴のような気持ちが、本書を書かせている。

◆役所との馴れ合い

行政訴訟はインチキ・八百長というより他ない。理由は、最高裁事務総局が「そのようにやれ」と実質的に命じているからであり、裁判官がこれに背くと人事でとことん冷遇されるからである。では一体、事務総局はなぜそのような行動に出るのだろうか。

・政治への追従

その最大の理由は、裁判所（つまり最高裁上層部）自身の保身にある。裁判所の存在を脅かす外部勢力のうち、最大のものは「政治」である。何といっても最高裁判所の長官の指名権は内閣が握っている。「政治」とまともに争っても、勝てるわけがないのである。

エリート裁判官としては、裁判所自体を外部勢力に支配されたくはない。となれば、時の権力者の意向に沿う判決を出すようにしておけば間違いない。そこで最高裁事務総局は、この「政治」の支配から逃れるために、「偏向判決」を抑止しようと裁判官を締め付けた。事務総局は、この過程で、外部的独立を守ることを錦の御旗としてひたすら内部統制を強めていき、自身が比類なき内部的権力を握ったわけである。

いずれにしても八百長裁判の最大の理由は、「政治」という時の権力者への迎合による自身の保身にある。

・役所からの防衛

考えられるもう一つの理由は、中央省庁対策である。裁判所に影響力を持つ外部勢力としては、中央省庁も侮ることはできない。とりわけ、裁判所の予算を握る財務省には神経を使う。

実は裁判所には、一般の省庁のような特別の権限・縄張りがあるわけではない。他省庁であれば、自身の権限に基づき他省庁と持ちつ持たれつの関係を築くことができる。しかし裁判所にはギブ&テイクの種がないのだ。

そこで事務総局は、裁判所の唯一無二の権限である判決内容で各行政に「ギブ」を作ろうとする。各行政機関は、その恣意的行政により、さまざまなケースで被告席に立たされている。裁判所から敗訴判決を受けようものなら、行政側はメンツ丸つぶれ。役人のもっともいやがる責任問題も発生する。下手をすると役人個人が罪に問われかねない。

しかし、裁判所が行政訴訟のほとんどすべてを勝たせてくれるのであれば、こんなありがたいことはない。後顧の憂いなく自己の業務に邁進できる。その一方で裁判所には大きな借りが生じる。

事務総局・裁判所は、こうして一般省庁に対して存在感を示すことができる。身内ともいうべき法務省も好影響を受けよう。各省庁との人事交流もやりやすくなる。

結局のところ八百長裁判は、事務総局が霞ヶ関で大きい顔をするための手段であると考えられる。

・思い込み

しかし、八百長裁判は、単にこうした外部勢力からの防衛だけのものとも思えない。そこには、裁判官独特の思い込みも作用しているように思われる。

その最大のものは、「中央省庁の行政は、我々と同じく極めて優秀な人の手により行われている。だからそこにはほとんど間違いはないはず」という考え方である。その裏返しとして、「何も分からない低レベルの一般人が何をいうか」という思いもあるだろう。

また、裁判官として国のシステムの一翼を担う身として、国としての体制の維持を優先する発想もあるように思う。つまり「行政側に多少の法的な問題があったとしても、国（行政）がそれを必要としている以上、一般国民は我慢すべき」という思いである。

法的に問題があれば、それを指摘するのが裁判官の仕事なのだが、（自分がエリートなるが故に）つい支配者側の発想をしてしまう。そして、そうした発想を組織的に助長させるための手段の一つとして、「判検交流」というシステムがある。

◆無茶苦茶というべき「判検交流」

・訟務検事

国を相手に裁判を起こす場合には、被告はすべて法務大臣何の某となる。たとえば堤防の決壊により家を流された人が、河川管理の不備を争う場合にも、被告は国土交通省ではなく法務省（つまり法務大臣）となる。

そして、こうした国を相手とする行政訴訟において、実際に被告（つまり法務大臣の代理人のような存在）として法廷に立つ人が、法務省に属する訟務検事である。なお、地方自治体が被告となった場合には、その自治体が適宜弁護士を代理人に選任する。

ところが裁判官がこの訟務検事役を務めるという、およそ不明朗な事実がある。「判検交流」である。その実態について、西川伸一氏著の『日本司法の逆説』（五月書房）を参考にみていくことにしよう。

判検交流とは、主に裁判官が法務省に出向ししばらく訟務検事役を務め、やがてまた裁判所に戻ってくることを指す（中には裁判官を刑事訴訟の検事として派遣することもあるようだ）。つまり、中立に裁判すべき人間が被告である行政の側で活動する。そして被告であったその人が裁判官に戻ったりするわけである。

さて、判検交流は以前からあったものの、七〇年代からこれが急増してきた。背景には、全国的規模に拡大したスモン訴訟その他の薬害訴訟など、国を相手とする訴訟の急増がある。当時は薬害訴訟以外にも、大阪空港騒音訴訟や各地の公害訴訟などが続いていたのだ。法務省の主力をなす検察庁からの出向組は、もともと刑事部門が専門。民事・行政訴訟は不得手なのだ。そこで、中堅裁判官を訟務検事として出向させ、訟務体制の強化を図ったのである。

裁判所から派遣された訟務検事は、判決を下す裁判所の手の内をすべて知っている。裁判官にしてみても、同僚が代理人をやっている国側を負かすのは人情としてやりづらいはずだ。

・判検交流の威力

判検交流の影響はそれだけではない。訟務検事は行政官の一員として、行政組織の目的達成に励むことになる。民間を含めどの組織も、一定の目的を達成するために存在している。その目的達成に向けた行動はともすると社会正義と矛盾し、さらにはこれを無視・排除することさえあり得る。

訟務検事に関していえば、訴えられた裁判に何が何でも勝つことがその目的となる。そこには真実の発見もなければ社会正義の追求もない。詭弁を弄しようがまやかしを使おうが、とにかく勝たなければならない。そして、裁判の表裏をすべて知った裁判所の出向裁判官が、こうした任務を担うのである。

むろん出向の訟務検事は、何年か後には裁判所に戻る。しかし裁判官に復帰したとたん、独立の立場から公正な判断ができるのであろうか。訟務検事としての感覚が染みついたまま、いつの間にか国側の主張に肩入れするであろうことは想像に難くない。

しかも、行政訴訟の裁判は、こうした訟務検事経験者が担当する例が多いという。とりわけ、国側が苦戦している裁判では、事務総局が意図的にこうした人に裁判を担当させる。中には、以前同類の行政訴訟の訟務検事として国側代理人を務めた者が、同じ争点の事件の裁判長になる、などという無茶苦茶な人事の例もあるのだ（前出『日本司法の逆説』にこれらの人事の実例が掲載されている。興味のある方はご参照を)。

・国税調査官の存在

いうまでもなく税法も法律である。しかし税法は特殊であるとして、ほとんどすべての裁判官は税法には不案内。ついでにいえば、ごく限られた人を除いて弁護士も税法は全くといっていいほどダメである。

そこで裁判所は、国税庁から調査官の派遣を依頼する。そして税法に関する争いに関しては、その調査官の意見を参考にしつつ裁判の審理を進めている。

しかしいうまでもなく、税法に関する争いにおける被告は国税庁・税務署である。その争いを中立的に審理・判断すべき裁判所に、被告側の人間が関与し重要な意見を具申しているという。となれば、出世コースとして裁判所に派遣されてきたであろうその調査官は、国税側を勝たせるために活動するに決まっている。

商売柄、筆者は少なからぬ国税に関する裁判を行っていた。しかし何年目かでこの事実を知ったときは、腰を抜かさんばかりに驚いたものだ。ある弁護士は「**税金裁判の判決文は、被告（国税調査官）が書いているようなもの**」と酷評していた。まさに八百長裁判。これでは税務訴訟に勝てるはずがない。

なお、一般的な行政訴訟では、被告である国側は法務省所属の訟務検事が国を代理するが、税務訴訟の場合には、別途国税側からの代理人も訴訟活動を行う。

こうした裁判所内の国税調査官の存在や、被告側の訴訟代理人に当事者の国税側が加わるという特殊なしくみは、税務に関するものだけのようだ。

・各省庁への出向

裁判官は、法務省以外の中央省庁にもかなりの数が出向している。建前的には「裁判官の視野を広げる」とともに、受け入れる省庁側は「裁判の経験のある法律家」への期待があるようだ。事実、省庁側からは、背景に縄張り意識のない裁判官は「使い勝手がいい」と好評なのだそうだ（『日本司法の逆説』による）。

しかし西川教授は、この点についても同書で次のように警鐘を鳴らす。

「行政官としての勤務は裁判官に行政省庁への「理解」を深めさせ、同じ「官」としての同族意識を育ませるのではないか。〈中略〉こうした人々が裁判所に戻れば、国家の要請を優先して考える行動を取ることになりはしないか。そうなれば、司法権と行政権の癒着にほかならない」。

すでに述べてきたように判事の数は不足しており、裁判の現場では、処理を要する膨大な数の事件に悲鳴を上げている。こうした中にあって、なぜ数十名もの判事を中央省庁に出向させ、その業務の手伝いをさせるのか。

本当にその目的が「裁判官の視野を広げる」というのであれば、民間（とりあえず弁護士事務所）に行くべきではないのか。そうすれば、その業務を通じて、多くの人と接触しさまざまな考えに遭遇するであろう。

やはりこうした人事は、裁判所と各省庁の「相互理解」を強く意識したものであるといわざるをえない。

2　検察・警察のデタラメと冤罪を見抜けない裁判官

刑事訴訟は、検察庁・検察官が起訴をした刑事被告人を裁判官が裁く場だ。すでに述べたように、刑事訴訟は検察を被告とする一種の「行政訴訟」と見ることができる。ところが検察と裁判所はかなり癒着しており、それが冤罪を生む温床になっている。

ここでは、後述の裁判員制度との関係からも、その実態を少し詳しくみていくことにしたい。

◆痴漢事件に見る冤罪の実態

刑事訴訟における有罪率は九九・九％。しかし、常識的にはこのような数値はありえない。数多い刑事訴訟の中には、状況証拠やあいまいな証言しか証拠がないケースがある。さらに、警察による自白の強要や証拠の捏造も現実に行われている。こうした現状を考えれば、無罪率は少なくとも数％程度はあるはずであろう。仮にそうだとすると、実際の無罪判決の数十倍の冤罪が発生していることとなる。

近年では痴漢行為に関しての冤罪事件が頻発している。痴漢冤罪を取り上げた映画『それでもボクはやってない』（周防正行脚本・監督）も話題になった。この点に関して、主に元裁判官である秋山賢三弁護士の『裁判官はなぜ誤るのか』（岩波新書）を参考にみていくことにしたい。

・冤罪の発生

混雑した電車の中で、あなたは見知らぬ女性から突然、「この人痴漢です」と大声を出される。何のことか分からぬまま、きょとんとしていると、周りの人から取り押さえられ、最寄りの駅員に引き渡される。「どうやら痴漢に間違えられたらしい」と気づき、「その間違いを駅員らに説明すればいいだろう」と思って駅員事務室へ同行する。すると間もなく、通報された警官が現れる。そこで状況を説明しようとすると、「お話はとりあえず警察署でお伺いしましょう」などと言われ、警察へ連れて行かれる。

しかし、警察へ入ったら最後、「おまえは痴漢をやった。さっさと白状しろ」と脅迫的取り調べが始まる。どんな弁解をしても、全く聞き入れられない。根拠は、被害者の女性が「この人がやった」と言っていることだけ。これで有無を言わさず痴漢犯罪者に仕立て上げられるのである。

実はその場で、「私がやりました」とやったことにしてしまえば、起訴されても罰金五万円で終わってしまう（ただし最近厳罰化された）。そして、警察もこの点を伝えて「だから白状してしまえ、そうすればすぐ釈放する」などと責め立てる。

しかし、善良でまじめなあなたは、やってもいない痴漢行為を認めるなどプライドが許さない。自身の尊厳をかけて、この理不尽な仕打ちに抵抗し、自身の無実は裁判で明らかにしようと考える。起訴された場合の無罪率が一〇〇〇件に一件だなどとは夢にも思っていない。この国の裁判の公正さを信じているからである。

しかし、こうした否認が続くと、まさに後述する「人質司法」そのものとなる。そのほとんどが保釈請求も認められないまま、下手をすると一～二カ月も拘留されてしまう。前科、前歴がなく、定職・定住居があっての初犯事案だから、単に「否認している」という理由だけで勾留が継続されるのである。

・何が何でも有罪に

いうまでもなく、痴漢は卑劣な犯罪である。一般に痴漢行為を働く者は、常習組と初犯組に分かれるという。常習組は、ある意味プロレベルに達しており、痴漢の八割以上がこうした常習者により行われるが、ほとんど捕まるようなことはない。初犯組は、出来心や混雑のどさくさ紛れでこれを行うが、捕まっているのはこの初犯組か、無実の「痴漢冤罪者」であるらしい。

そもそもほとんどの場合、痴漢行為には「この人がやった」などという証拠は何もない。混雑した中で女性に伸びた手が誰のものであるかは、（伸びてきた手そのものを捕まえない限り）まず分からない。被害者が、思い込みで断定している可能性が高いのである。

にもかかわらず、裁判官はひたすら警察や検察官のシナリオどおりの判決を下す。検察官の主張に逆らって無罪判決を出すと、人事考課に悪影響を与えてしまう。何かの拍子で無罪がほぼ証明されたとしても、身の安全を優先して裁判官はそれを認めようとしない。

痴漢などの強制わいせつ罪は、被害者が告訴しなければ起訴できない親告罪であるから、真犯人であれば謝罪する等により、早期に示談を成立させ不起訴に持ち込めばいい。そのような中、一般市民が失職覚悟で頑強に否定している。であれば十中八九は、「やっていない」と考えるのが常識的判断というものであろう。

本来、刑事裁判においては、検察側に犯罪の証明を行うべき立証責任が課せられている。しかし実際の裁判では、あいまいな証拠しかなくても、ほとんどそのまま有罪になってしまう。つまり、被疑者・被告人側が無罪である証明を求められているのが実態なのだ。むろん、警察に勾留されている被疑者・被告人に、そんなことができるはずがない（勾留されていなくともまずできない）。

考えてみれば、我々普通の市民であっても、混雑した電車に乗っていれば「この人痴漢です」と言われる可能性がある。さらにいえば、「携帯電話がうるさい」などとうっかり注意しようものなら、腹いせに「この人痴漢です」をやられかねない。これをやられたら、その場でよほどうまく立ち回らない限り、まずアウトだ。こうしてみると、恐ろしくておちおち満員電車にも乗れない気がしてくる。

こうして、二十一世紀の今日、この国では冤罪事件が構造的に再生産されている。一方的に名指しされただけで、自身の誇りを捨て去りわけの分からない罪を認めない限り、人生をメチャクチャにされてしまう。

まさに暗黒裁判そのもの。いずれにしても有罪率九九・九％という金字塔はこうして打ち立てられているのである。

・痴漢裁判最高裁無罪判決

間もなく裁判員裁判が始まろうとする平成二十一年四月十四日のことだ。さすがに最高裁も今までの流れはまずいと思ったのであろう。電車内で女子高校生に痴漢をしたとされる防衛医大教授（休職中）に最高裁は逆転無罪判決を言い渡した。判決では、被害者の供述のみに基づく立証の場合には「特に慎重な判断が求められる」と述べている。

それでも五人の裁判官のうち二人は、「被害者の供述には信用性が認められる」として有罪を主張している。この当たり前の判決でさえ、三対二というきわどい結果だったわけだ。とはいえ最高裁の判決だけに、これが与える影響は極めて大きいはずだ。事態の改善に期待したい。

無罪となった大学教授の話によれば経緯はこうだ。

三年前の通勤中、突然女子高校生からネクタイをつかまれた。そして「痴漢をしたでしょう」といわれ、間もなく逮捕されてしまった。警察では「やっていない」という言い分に耳を傾ける人はいなかった。「DNA鑑定をやる」と告げられた時は「無罪と分かる」と喜んだが、結局なされずじまい。勾留は三〇日に及び、強制わいせつ罪で起訴された。そして一審、二審とも一年二カ月の実刑判決が下された。

判決を報道する新聞記事には、多くの興味深い点がみられる。まずはこの教授による捜査・司法への怒りの発言。「きちんとした初動捜査なり、証拠の検討がなされたのか。人の一生をどう考えているのか」。刑事司法はこの言葉に尽きる。弁護団も「（判決は）有罪認定には客観的証拠が必要だと踏み込んだ。待ち望んだ判決だ」と評価する。

しかし大新聞は、検察幹部から明かされた次のような「苦しい胸の内」なるものを報道する。「だが、泣いている被害者がいるのに、被害者の供述しかないからといってやらないというわけにはいかない」（朝日新聞四月十五日付朝刊社会面）。

一体この発言は何なのか。こんな理由で「やられた」のではたまったものではない。まさに「**人の一生をどう考えているのか**」である。そもそも痴漢の容疑者を逮捕したら、即座にその男の指先に付着しているはずの、女性の着衣の繊維を検出すべきではないのか。

捜査当局が痴漢の被害の訴えを真摯に聞くのは当然である。しかしその被疑者がこれを否認した場合には、訴えの内容の真実性を追求しなければならない。繊維等の物質的証拠や目撃者の証言を集め、さらには両当事者の言い分の食い違いを検証するなどの行為が必要だ。しかし、警察はこうした地道な捜査をしてこなかった。最高裁判決はこの点に警鐘を鳴らしたのである。

となれば捜査当局へ猛省を促すのがマスコミの役割である。にもかかわらず解説記事は先のような論調だ。こんな腰の引けた論調では、今までの警察・検察のやり方を容認しているのと同じだ。そもそも最も卑劣な犯罪は、捜査当局の手抜きにより人為的に作られる冤罪なのである。

なお最高裁の無罪判決の二カ月後（六月十一日）には、早速東京高裁から痴漢事件の無罪判決が出た。新聞報道（読売新聞六月十二日朝刊）によると、被告人は一貫して無罪を主張していたが、「被害の直後に、被告の手をつかんだ」とする被害者の供述が信用できるとして、一審は一年四カ月の実刑判決だった。これに対して（スカート内に）手を入れられていたことを目で確認していないことから、「被告が犯人だとは断定できない」として無罪となったものだ。

最後まで無罪を主張していたこの人も、「被害者の供述のみの場合は特に慎重に」とする先の最高裁判決がなければ、まちがいなく刑務所行きだったはずだ。まさに「ヒラメ判決」。とはいえこうした方向のヒラメであるならば大歓迎である。

これらの無罪判決は、裁判員制度のスタートを目前にして、最高裁が市民目線を意識したことから導かれたように思われる。

確かに痴漢といった比較的軽微な犯罪は裁判員裁判の対象にはならない。しかし問題が身近であるだけに、最近では痴漢冤罪問題が非常識裁判の典型としてやり玉に挙がりつつあった。最高裁とすれば、こうした状況が裁判員裁判に悪影響を与えると懸念したものと思う。裁判員制度が始まったことで、市民目線を強く意識せざるをえなくなったのである。こうした流れは、これからも一層拡大していくにちがいない。

◆恐るべき九九・九％の有罪率

九九・九％という有罪率は、要するに、起訴されたらほとんど無罪はあり得ないということだ。（ちなみに、被告が無実を主張する否認裁判でさえ、無罪率は三％に届いていないという）。

検察側の説明や、それを受けた大新聞の解説記事によれば、この高い有罪率は、検察庁が有罪の立証に確信を持てない事件は起訴しないことで支えられてきたという。日本の刑事手続きは、徹底した捜査、慎重な起訴、精密な裁判による「精密司法」と呼ばれるのだそうで、「九九・九％」はその成果として語られてきたという。

しかし冗談も休み休みでお願いしたい。仮にそうした面があるとしても、「九九・九％」という数値はあまりに異様である。この数値達成の最大の理由は、裁判所が刑事被告人を理屈抜きにすべて有罪にしてしまうからである。そうでなければこのような数値になるはずがない。そして有罪にする理由は、自身と検察官の双方の立場を守るためである。

それでも「徹底した捜査、慎重な起訴等による精密司法」が事実であればまだいい。ところがこれが真っ赤な偽りなのだ。少なからぬ無実の人が人質司法や自白偏重に基づき起訴されている。そして裁判官は、こうした不当・違法な捜査により作成された、多くのインチキ自白調書のほとんど全てを認めてしまうのだ。

警察・検察による違法な捜査と、それを見抜こうとしない裁判所の無能・馴れ合い。これらにより冤罪・

誤判は常に大量に発生している。この国は何と恐ろしいのであろうか。

何年か前までは筆者はほとんど気づかなかったが、実はわが国の警察・検察は実に恐ろしい存在になっている。多発している冤罪事件はその象徴といえる。ここではその驚くべき実態を具体的にみていく。

◆警察・検察のデタラメ

・不当な見込捜査

事件が発生すれば、警察はなるべく早く解決しようと動く。基本的には、わが国の警察は優秀とされており、確かに多くの事件は短期間に解決し犯人逮捕に至っている。しかし、その一方で、不当な見込捜査により、身に覚えのない罪を着せられてしまう人も発生している。

ところで、一般に捜査活動は三段階あるという。まずは、事件現場を中心として基礎資料（指紋や足跡等）を発見・収集する基礎捜査。第二段階は、基礎捜査を受け継いで一定の方針を立て、犯人を特定・検挙する本格捜査。そして第三段階は、検挙した被疑者の取り調べやその裏付け捜査などである。

ところがわが国の捜査では、犯人と見込まれる者がいる場合には、第一段階ではその犯人の逮捕が可能な程度の証拠しか収集しない傾向が強いという。そして、逮捕後の自白により事件解決を図るわけだ。

それは、先の痴漢冤罪事件に明白に表れている。被害者の下着などから被疑者の指紋、また、触ったとされる手から下着の繊維等を当初の段階でしっかり採取しておけば、真実の究明は容易にできよう。しかし、海外で行われているこれらの科学的な証拠の確保は、ほとんどやろうとしない。その上でもっぱら「自白」を迫るのである。

確かに、それにより正しい結果が得られれば、効率よい省エネ捜査といえよう。しかしその見込みが間違っていた場合には、何が何でも見込んだ者を犯人に仕立て上げなければならなくなる。第一段階での証拠収集が不十分であるため、時間が経つと真犯人の特定が不可能となってしまうからだ。

発生した事件を迷宮入りさせると、警察組織が無能と見られてしまう。誇り高い警察はそうした評判を嫌う。またそれが世相を騒がせる事件であれば、マスコミはその報道に力を入れる。そこで犯人検挙が遅れれば、マスコミは警察を遠慮なく叩く。

それやこれやで苦戦を強いられると、捜査陣は見込み捜査で容疑者を逮捕してしまう。そのうち「どうやら白らしい」と思いはじめても、今さら「誤認逮捕でした」などとは言いづらい。まして、マスコミに対して、「事件解決」などと胸を張ってしまっていたら、そんなことはまず絶対にできない。結局、逮捕した被疑者を犯人に仕立て上げていくよりほかなくなってしまう。足利事件はその典型なのである。

・自白を強いる「人質司法」
となれば、捜査当局は、被疑者をあの手この手で自白に追い込むよりほかない。一般の人は、「やってもいない人が自白などするはずがない」と思うようだ。しかし、特殊な環境に置かれれば、無実の人でも二〜三日で「自白」してしまうケースが少なくないという。

逮捕された無実の人は、当然ながら最初のうちは頑強に否定する。しかし、外部との接触を遮断された上で、何日も何週間も昼となく夜となく「おまえが犯人だ」と言われ続けると、精神的にまいってしまう。

むろん、その間にはこの道のプロによる、脅したりすかしたりといった自白させるためのあらゆるテクニックが使われる。

あるケースでは、逮捕されたその日のうちに「自白」したという。「今からおまえの実家や勤め先に捜査に行く」と言われ、「勤務先に迷惑をかけるわけにはいかない。第一、いくら弁解しても警察は分かってくれない」といった絶望感からの「自白」であった。

ところで、昭和五十四年～平成元年にかけて、たて続けに四件もの「死刑再審無罪判決」が発生した。免田、財田川、松山、島田の各事件である。いずれも、最高裁判決により死刑が確定した後に再審請求が認められ、三〇年以上もの獄中生活を経て最終的に無罪判決を得た事件である。この**「四大死刑冤罪事件」**の発生は世に衝撃を与え、後述する裁判員制度を含む司法改革のきっかけとなっている。

免田事件・再審無罪判決出る
（1983年7月15日、熊本地裁八代支部　写真提供：毎日新聞社）

「四大死刑冤罪事件」では、その全てが、逮捕されてから二～五日の間に「自白」に至っているという。捜査当局の密室における自白誘導技術がいかに優れているかを如実に示している。

むろん自白誘導による冤罪は昔の話ではない。前述した「足利事件」のようにごく最近も起こっているのだ（なお足利事件も一日で自白に追い込まれている)。

先の痴漢裁判で見たとおり、たとえ冤罪であっても否認を続ければ、それを理由に釈放されない。何カ月にもわたり「自白」するまで出してもらえないのだ。つまり、勤務先からの解雇を覚悟しない限り、身の潔白は主張できない。自営業であっても、事業主が数カ月も警察に勾留されれば、たいていの場合は倒産してしまうだろう。おまけに、周りからも白い目で見られ、家族関係やその生活はズタズタにされてしまう。警察が「親切に」助言してくれるように、こうした状況を逃れるには、最初の段階から「自白」するより他ないのだ。

しかし、長期に否認を続けた後に「自白」に転じたような場合には、否認を続けている場合と同様に、公判(刑事事件の法廷の場)における最終段階での被告人質問まで、ほとんど保釈は認められない。保釈すると、いつまた否認に転じるかもしれないからだ。

勾留を「自白させる手段」とする、このような手法は、**「人質司法」**として昔から批判の的となっている。にもかかわらず、検察はこれを改めようとしない。

・自白調書の作成

さて、前述の足利事件にみられたように警察は、逮捕者に「自白」をさせると、次にどのように罪を犯したかについての供述調書を作成する。実際に犯罪を犯していない以上、本人はその状況など説明できるはずはないのだが、それでは裁判で有罪に持ち込めない。そこで、警察は集めた証拠につじつまを合わせるように誘導尋問を行う。

すでに「自白」してしまっている以上、被疑者はこれに合わせるよりほかない。むしろ、捜査員の筋書きを積極的に推測して、そのとおりの供述を行うことにもなる。こうなってくると、捜査員に迎合するような心理になるらしい。ちなみに、供述書はパターン別に標準フォームが用意されているという。だから、これに当てはめれば簡単にできてしまうらしい。

自白調書の強要・捏造に関しては、最近発覚した冤罪事件例を示しておきたい。

平成十四年の少女暴行事件で、富山地裁から懲役三年の判決を受けてA氏が服役した。ところが平成十八年十一月に別の事件で逮捕された男が、この事件の真犯人であることを自供し、A氏の冤罪が発覚（以下これを**「富山冤罪事件」**という）したというものだ。

そして平成十九年六月には、この冤罪事件の公判で採用された一連の証拠書類が明らかにされ、警察による自白強要・捏造の事実が明白となった。

それによると、約一週間の否認の後A氏は「自白」に追い込まれた。その上で「取調官に両手首を持たれ、暴行現場の見取り図を書かされ」たり、「取り調べを終わらせたい一心で言われるがままにした」という。こうして約一週間にもわたって捏造供述調書の作成が行われたが、A氏は「警察の取り調べ、捜査とはこういうものかと驚き、あきらめた」と当時の心境を語っている。

供述調書は、本来は被疑者が話したことを記した書面のはずだ。しかし冤罪事件に限らず実際はそうではない。検察官や警察官が考えたストーリーを、強引に被疑者に認めさせて書いたというべき書面なのである。

事実、検察官が実習にきた司法修習生にこう語っていたという。

「検察官の調書とは、相手が言ったことをとるのではない。検察官が事実であると認めたことを書くのである。（中略）証拠を突きつけて、検察官が認めさせたい事実が出てきたときにはじめて書くんだ」（『司法修習生が見た裁判のウラ側』現代人文社）

その場合の「検察官の想定」がほぼ正しいのであれば、ひとつの便法として許される余地があるのかもしれない。ところがそうではない。なぜか検察官・検察庁は、被疑者の罪を重くすることに大きな力を入れる。そうしないと人事考課を含め、周りから白い目で見られてしまう。「真実の発見」といった理念などどこにもないのである。

そして、そのようにして作成された「調書」でも、裁判官はそのほとんどすべてを正しいと信じる。こうして次々に冤罪が発生している。不当に重い刑が課せられる誤判に関していえば、その発生率は数十％に達するのではあるまいか。

・証拠の捏造・隠蔽

さてこの「富山冤罪事件」では、被害少女がサバイバルナイフとチェーンが凶器として使用されたと証言している。となればこれらの凶器の存在が問題となる。そこで捜査員はA氏宅の仏壇まで捜索するが、当然ながらこれらは見つからない。

結局、当局はA氏宅にあった果物ナイフとビニールひもを凶器の代用品に仕立てた。サバイバルナイフと果物ナイフ、さらにはチェーンとビニールひもでは大変な違いだが、それは気が動転した少女の記憶違いということにした。起訴状はこうして強引に書かれた。そして判決も同様の認定のまま有罪が言い渡されたわけだ。

証拠の捏造は、第一章で紹介した「高知白バイ事件」でも行われている。警察が後日明らかにした急ブレーキ痕である。

さらには検察側に不都合な**証拠の隠蔽**も行われている。高知白バイ事件に関していえば、バスに乗っていた中学生を事情聴取した調書のうちの一つを、検察が裁判に提出しなかった事実が発覚している。ちなみに、この生徒はテレビで「バスは急に飛び出してはいない」「白バイはすごいスピードだった」と証言している。

一般に罪体立証（有罪かどうかの事実認定）は、多くの証拠の積み重ねにより行われる。そしてそれらの証拠のほとんどすべては、強制捜査権を背景として収集した捜査当局が握っている。被疑者が無罪立証に動こうにも、釈放されない限り証拠を集めようがない。

仮に捜査当局がアリバイ成立といった被疑者に有利な証拠を発見しても、隠してしまって決して出そうとはしない。裁判所も基本的にそうした行動を認めている。

たまに裁判（公判）の途中で、弁護側が被告人に有利な証拠を検察側が握っていることに気づくケースもある。その場合には、証拠の提出命令を出すべく裁判官に要請する。しかし裁判官は多くのケースで「その必要なし」というのだ。

中には提出命令が出る場合もある。しかしその証拠が検察側にとって致命的と思われた場合には、検察

側は「その証拠は存在しない」とか、稀には「紛失した」などと言ってくる。これに対して裁判所は「あ
あそうですか」で終わってしまう。

さらに、裁判で刑事被告人のアリバイを証言するような証人が出ると、これを検察が呼び出しをかけ、密室の中で「証言を撤回しないと偽証罪で逮捕する」と脅す。これをやられたのではたまらない。大半は証言を翻すという。それでもがんばる証人には何度でも呼び出す。何回も何十回も、職場にも来る。

さすがに**「証人への脅し」**などは昔の話だと思っていたら、そうでもない。昭和五十三年に被疑者のアリバイを証言した同僚に対して、検察側が偽証罪で逮捕してしまった（その後起訴。平成十二年に無罪確定。甲山事件）。むろん証言つぶしである。

◆真実を見抜けない裁判官

・検察との馴れ合い・癒着

検察・警察が証拠の捏造や隠蔽を行うなら、裁判所がそれを見抜いて真実を明らかにしなければならない。しかし検察と裁判所は馴れ合い・癒着ともいうべき関係にある。

まず検察庁は、刑事事件を扱う裁判所の各刑事部に合わせて担当検察官を配置する。つまり担当する裁判官と検察官は顔なじみ。いわばコンビを組んでいるようなものだ。

となれば検察官は、相方の裁判官のごきげん取りをする。自身の裁判で無罪判決を出されたのではたまらないからだ。昼休みに裁判官室に顔を出し囲碁や将棋を指す(なぜか、たいていは検事が負けるらしい)。その延長線なのか、裁判官の部屋にちょくちょく検事が訪れ、進行中の事件について打ち合わせをするこ

ともあるようだ。

一方、被告人側の弁護士と担当裁判官が顔なじみであるケースはほとんどない。また裁判官は、法廷以外の場では担当弁護士と会おうとはしない。だから弁護士が裁判官の部屋へ顔を出して、事件の打ち合わせを行うことなどまったく考えられない。

となれば、裁判官が顔なじみの側を勝たせようとするのは人情であろう。また検察側が不利な状況にでもなれば、検察官が飛んできて弁解なり補足説明なりをするだろう。つまり法廷外の場で裁判官を納得させることも可能なのだ。ちなみに、無罪判決は裁判官と担当検事とがしっくりいっていないような場合に出やすいという。

ベテランの検事は、裁判官の忘年会などにも参加して座を盛り上げる。書記官クラスにもしっかり目を配る。いわば民間企業における大企業と出入り業者の関係といえよう。ひたすらお得意先のご機嫌をとり、自社への発注を確保しているわけだ。こうして個人的にも組織的にも、けんめいに無罪判決を封じているのである。

しかしこうした馴れ合いがいいはずがない。少なくとも検事が裁判官室に顔を出し、事件に関しての打ち合わせをすることなどは許されない。前出の『司法修習生が見た裁判のウラ側』に載っていた話だが、こうした打ち合わせの場を目撃していた司法修習生が、飲み会の席で裁判官に「おかしいんじゃないですか」と問いただした。この裁判官は良心的な人であったのだろう、頭を抱えて「それは言わないでくれ、悪いのはわかっているんだから」と弁明したという。

また、『日本司法の逆説』によると、最高裁の調査官経験者は次のように語っているという。

「有罪の方向で誤判しても決して昇進に影響しないが、検察に遠慮なく無罪を言い渡す裁判官はとかく出世しない……いまの裁判所にそんな傾向があるのは否定できない。」

・犯罪の立証責任

刑事裁判においては、検察側に犯罪の証明を行うべき立証責任が課せられている。その立証の程度は「通常人なら誰でも疑いを差し挟まない程度に真実らしいとの確信」が必要とされている。さらに裁判には、「疑わしきは被告人の利益に」や「無罪の推定」といった原則も存在する。

刑事事件における警察・検察の側は、被疑者を拘束し捜索や取り調べを強制することができる。被疑者の逮捕は、捜査側がこうした強大な証拠収集力を行使した結果行っているものだ。であれば、検察側がその犯罪を立証しなければならないのは当然といえる。その一方、被疑者には無実であることを証明する力などありはしない（そもそも、身柄を拘束されてしまっている以上何もできない）。刑事裁判の立証責任に関するこの大原則は、常識的でごく当たり前のことなのである。

ところが裁判官は、下手に無罪判決を出して、日ごろ親しい検察官の面子をつぶすわけにはいかないと考える。まして、無罪判決が上級審で有罪にひっくり返されてしまうと、自身の成績に大きく響く。だから、検察官のシナリオどおりの判決を下す。

しかし稀には、弁護側から「間違いなく無罪であろう」と誰もが思うような主張がなされる場合がある。『裁判官はなぜ誤るのか』（秋山賢三著、岩波新書）には、以下の二例の痴漢裁判が紹介されている。

一例目は、鞄を両手で持っていた被告には被害女性が主張するような行為は物理的に行えないことが明らかにされたケースだ。ところが、この場合でも、裁判官は「鞄を持ち換えれば片手でできる」という推測を自ら補足して、強引に有罪に持ち込んでしまった。

二例目は、身体に障害があるため、女性の主張する行動は到底とれないというケース。この事案に際しては、無理とも思える体勢を示した上で「こうやれば犯行を行うことは不可能ではない」と有罪を言い渡す。

しかし、「やることが不可能ではないから有罪」というのはおかしい。これでは「絶対に痴漢行為を行うことができない状況にあった」という証明を、被告人の側に要請しているのと同じだ。この二例の場合、弁護側は検察側の主張が常識的に見て不自然であることを指摘しているに過ぎない。その指摘をくつがえして有罪を立証する責任は、本来検察側にあるはずなのだ。いつの間にか立証責任がすり替えられているのである。

この件に限らず、裁判官は、弁護側や被告人の主張の不合理性を有罪の口実にする場合が少なくないらしい。「被告人の弁解は不合理であり、この点が彼が犯人であることを強く推認させる」といった論調の判決文だ。被告人が無罪であれば嘘をつく必要はないはず、という考えが前提にある。

しかし、無罪であっても、身柄を拘束されて何日も「おまえが犯人だ」とやられれば、「何とかこの場を逃れたい」と思い、いろいろなことを言うであろう。さらに頭も混乱しているはずだ。また事件とは関係のないことで、他者には言いたくない話があるかもしれない。であれば、そこに若干の嘘の弁解が入っていても少しも不思議ではない。こうした発生してもおかしくない程度の矛盾を、有罪の理由にされたのではたまったものではない。

そもそも、事件の本質とは違うことが判決理由に挙げられるのは、検察側の立証責任が十分に果たされていないからではないか。

このように、「弁護側が無罪であることの立証をしなければ有罪になってしまう」というとんでもない裁判が横行している。これも「九九・九％」の大きな理由の一つである。

・調書裁判

前述したように、警察や検察は、無罪と思われる人に対しても脅しや誘導によって強引に自白調書を作成してしまう。しかし、そうであっても、裁判官が自白調書の虚偽を見抜けば何とでもなる。無実の被疑者も「裁判官に訴えれば分かってもらえる」、という気持ちで「自白」の強要に応じた面もあるはずだ。ちなみに足利事件の菅谷氏も、裁判官を信頼した上での「自白」であったと語っている。

『司法修習生が見た裁判のウラ側』（前出）にはこう書かれていた。検事が「嘘にまみれた」調書を作成していたのを目の当たりにした修習生が、裁判官に質問した話だ。


「「なぜ密室で作られたような調書を信用するんですか?」」。（すると裁判官は）「検察官は被疑者や証人が話していないことは調書には書かない」だそうだ。

やれやれ。取調べの現実も知らないで裁判をしているのか……。絶望だ。今のままでは永遠にえん罪はなくならないだろう。そう確信した。」（注：（すると裁判官は）の部分は筆者による補足）

司法修習生は、裁判所や検察庁での修習の際に、憲法や法律の規定と全く異なる取り調べや裁判がなされているのを、これでもかとばかり見せつけられる。まだ純粋な気持ちを持つ一部の者は、「おかしいのではないか」と強い疑問を持つ。こうした疑問を裁判官にぶつけると、ほとんどの場合**「法律と実務は違う」**という答えが返ってくるという。

この「実務は違う」の一言で、恐るべき人権侵害が蔓延している。「法律と違う実務」の多くは、文字どおり違法（法律と違う）なのである。

・早く片づけたい

さらには、裁判自体がやっつけ仕事になっているという問題もある。その現状を、『裁判のカラクリ』（山口宏・副島隆彦著　講談社）を参考にみていくことにしよう。

同書によれば、やっつけ仕事は、警察による供述調書の作成から始まっているようだ。本来、供述調書は被疑者から聞き取った内容をもとに書き起こすものだが、警察にはそのためのアンチョコ（模範文例集）があるという。つまり、あらかじめ備え付けられた分厚い模範文例集から適当なものを選んで、その内容を少し変更して供述調書にしてしまうわけだ。しかも、有罪に支障があるような事実は、基本的に無視してしまう。

となると、裁判に証拠として提出された供述調書には同意したくない、という被疑者がいてもおかしくはない。しかし、裁判の場で、弁護側がその供述調書の証拠採用に不同意の意志表示をすると、「大変なこと」になるという。

供述調書が不同意になると、裁判の回数が増えて時間がかかるうえ、裁判官が判決文を書くのもめんどうになる。供述調書が同意になれば、検察官の書いた起訴状の文面のほとんどをそのまま判決文に使えるので、裁判官の労力はかなり軽減されるからだ。

そこで、日々忙殺されている裁判官は、供述調書に同意したうえで情状酌量を求める弁護側には、刑の軽減をふるまう心境になるらしい。

すでに述べてきたように、とにかく裁判官は忙しい。一日でも早く、一件でも多く事件を処理していかなければ、手持ち件数は増えていく（「赤字」がかさむ）ばかりとなる。身を守るためにも、やっつけ作業で処理するしかない。こうした状況も、誤判・冤罪につながっている。

・癒着の象徴、付審判請求の運用

渡辺洋三東大名誉教授らによる『日本の裁判』（岩波書店）の記述に基づき、検察と裁判所の癒着を象徴する事実をもう一つ挙げよう。それは、「付審判請求」への対応だ。付審判請求とは、公務員の職権乱用などに対する告発が不起訴になった場合に行う裁判手続きのことだ。

たとえば、警察の取り調べの際に暴行などの違法行為があったとしよう。これを告発しても、警察の身内である検察は起訴してくれない。そこで、こうした不当な不起訴処分が行われた場合は、裁判所に対して裁判の実施を請求することができる。これが「付審判請求」で、裁判所はこれを検討し、正当な請求理由がある場合には付審判の決定（裁判を行う決定）をする。この制度は、検察の起訴独占に関する唯一の例外規定となっている。

しかし、国民の期待を背負って戦後スタートしたこの制度は、裁判所と検察庁の馴れ合いの結果、全くの骨抜きとなっている。平成八年末のデータでは、裁判所は制度発足後に約一万三〇〇〇人の付審判請求を受理しているが、付審判決定になったのはわずか一七件に過ぎない。つまり、付審判が行われるのはわずか〇・一三%。裁判所は、ほとんどすべての案件を握りつぶしているのだ(平成十九年の『犯罪白書』のデータでも、平成十八年に裁判所が処理した付審判請求の人数は四七六人で、付審判決定件数は〇。全く状況は変わっていない)。

こうした裁判所の対応により、警察・検察のやりたい放題ともいうべき密室の人権侵害行為は、今も野放しになっている。付審判制度のこうした運用ぶりは、まさに裁判所と検察庁の癒着を象徴している。

第五章　司法改革への期待と不安

ここまで、行政訴訟への対応を中心に、現在の裁判所や裁判官が抱える問題について明らかにしてきた。まさに、裁判所は問題だらけの組織であることがおわかりいただけたと思う。

しかし問題の指摘だけではどうにもならない。筆者なりの考えもある。何より司法改革の一環としての裁判員制度には期待したい。

1　裁判、裁判官の質を向上させるための試案

大矛盾を抱えたわが国の司法。こうした状況はどのようにしたらよくなるのだろうか。筆者なりに考えてみた。

◆試験制度の改革

・ペーパー試験の改革

はじめに、社会通念・社会常識のない裁判官の質を向上させるにはどうすればいいか。夢物語としてこれを考えてみよう。

まず必要になるのはペーパー試験の弊害をなくすことである。第三章でも述べたように、わが国では、ペーパー試験の合格者（役所幹部や裁判官等）を「優秀」として、実力をはるかに超える処遇を与えている。とにかくこの状況を変えなければならない。

本論である裁判官の話に入る前に、中央省庁のキャリアについても簡単に触れておくことにする。

筆者は、ペーパー試験重視のキャリア採用について、ひとつの簡単な方法を提案したい。すなわち数百人におよぶ役所の文系の全上級職の採用については、**出身大学の集中を徹底的に排除**するのである。具体的にいえば、合格者を一大学当たり最大でも二〜三%程度にすることを決めてしまう。となると文系の上級職二〇人を採用する一般の省庁の場合、出身大学はほぼ全て異なることになるだろう。そして、採用後は上級職以外の人を含め、すべて実力勝負で皆が昇進を目指せばいいのである。

こうすれば、採用大学は三〇〜五〇校に散らばる。合格者は拡散した各大学におけるトップクラスの者となろう。その結果として「東大法学部出身者にあらずんば人にあらず」などといった、ばかげた「役所の常識」もなくなる。であれば民間企業においても、カッコつけのために（あるいは役所との折衝要員に）東大卒業者を確保する必要もなくなる。

こうしたやり方は、教育問題にも極めていい影響を与えよう。つまり特定大学に入らなくとも上級職になることができる。妙な受験勉強から解放されるのだ。いやむしろ特定大学を避けた方がはるかに受かりやすい。上級職を狙う「優秀な」人は当然多数の大学に散らばる。したがって、大学の序列意識はかなり低下する。それやこれやで民間における学閥意識も低下していくだろう。結果として、全般的に「本来の実力」が指向されるようになっていくのではあるまいか。

・あるべき裁判官の選抜試験

それでは、裁判官の登用についてはどうすればいいだろうか。筆者は、裁判官登用試験は、本来「識見の部」と「人格の部」の二つの面から行うべきではないかと考える。そこでとりあえず以下のような方法を提案したい。

すなわち「識見の部」は一次試験としてペーパーテストを行うが、これは法律および社会教養の基礎知識、および法的なセンスさえあれば合格できるレベルにする（合格率は二〇％程度か）。細かいことは現場で学べばいいのだ。現行制度を前提とすれば、現在の入学定員を大幅に削減した上で、法科大学院の卒業試験（合格率は七〇％程度とする）をこれに当てる方法も考えられる。

その合格者に対しては、心理学者を含めた多種多様な人（裁判所・法務省は、試験委員の選定を含めすべて除外）による面接試験を中心とする二次試験を受けさせる。つまり「これまでの人生経験を通じて、社会通念・社会正義をどれだけ体得しているか。多様な人の気持ちがどれだけ分かるか。正義感や使命感をどこまで維持できるか」といった観点から、不適格者をふるい落とす。この二次試験の合格率の目安は、三割程度とする。

であれば裁判官を希望する人は、二次試験対策を重視して、多種多様な人生チャレンジをするであろう。このようなことをいうと、現状肯定派の人が必ず「それでは優秀な人材が集まらなくなる」などと言い出す。しかし、「優秀」とは、ペーパー試験にやたら強い人を指すわけではないはずだ。現実的にも法律家の卵に過ぎない段階で、あのように意図的に難解にしたというべき試験に合格するレベルが必要とは思えない。

結局のところ、従来の司法試験が異様なまでに難解なのは、**単なる希少性・箔付け**のためとしか理解できない。つまり、先の「それでは優秀な人材が集まらなくなる」は、「それでは司法試験合格者に箔がつかなくなる（その結果合格者が、社会的にいい思いができない）」といっているに等しい。

異様なまでの「ペーパー試験力」があること自体は、ないことに比べればベターであろう。しかし、それによって「試験力」よりはるかに大切な人間性が失われてしまったら、本末転倒なのである。

◆「不当判決調査委員会」の設立

次に、裁判自体の質を向上させる司法改革の方法について考えてみたい。筆者が提案したいのは、民間による「不当判決調査委員会」の設立である。

なおこの案のヒントは、平成二〇年に実施された「医療事故調査委員会」設立プランにある。

・おかしな判決をチェック

この「不当判決調査委員会」が調査の対象とするのは、刑事事件と行政訴訟、つまり広義の行政訴訟(以下、行政訴訟等という)である。まずは、行政訴訟等の現状を正そうとする意欲に燃えた法律家(元裁判官を含む)やいわゆる有識者、さらには一般市民など一〇名前後で「委員会」を構成する。そこで、社会的に影響が極めて大きいと思われる行政訴訟等の判決をピックアップして、法律と社会通念の両面から、これを論理的に分析・批判する。その上でその要旨を、一般の人に分かりやすく大マスコミに意見広告(詳細はインターネットに掲示)を出すのである。

こうした広告によって、まずは不当な行政執行や捜査ぶりを明らかにする。その上で、判決の内容がいかに行政・検察側に肩入れしているかを分かりやすく示すのである。題材となった行政訴訟等の事案が世の関心をひくものであれば、この意見広告の与える影響は極めて大きいものとなろう。

もちろん、それには多額な広告代のほか、委員会などの運営費がかかり、かなりの軍資金が必要になる。そこでまずは大口の篤志家を見つける。また数はそう多くないものの、今日の行政訴訟等の改善を切実に願う心ある層もそれなりにいるはずだ。さらに一～二回の実績を示した上で、一般市民からの寄付を募る。不当な行政訴訟等に泣かされた市民は相当な数になるだろうから、少額でも寄付してくれればある程度の運営費にはなるのではないか。

そして、誰しも納得する分かりやすい意見広告を数回出した時点で、それを題材に組織したPR部隊によって企業その他の組織に寄付を訴える。となればまずはNPOの設立。やがては寄付金控除の資格（公益財団法人等）を得る。またこうした説得力のある意見広告は、マスコミの取材対象ともなるはずだ。こうして「委員会」の存在感や発言力を確保していくのである。

この「委員会」は社会正義の実現をモットーとする。むろん絶対に外部の影響を受けてはならない。外圧等により少しでも論調がブレれば、即それは命取りとなる。むろん「委員会」の委員は勲章をほしがるような人であってはならない。この委員会のメンバーであること自体が、大変な名誉であるようなものとしたいのである。

こうして「夢」はどんどん広がっていく。この「夢」が実現されれば（つまり不当判決の存在が世に明らかにされていけば）、裁判所はもう従来のような対応はできなくなる。行政追随判決も困難になり、ましてや「人質司法」に代表される刑事裁判も一変するはずだ。

このプランなら、法制度の改正は不要である。最高裁・法務省の意図とは無関係に実現できる「夢」なのである。

2　司法改革への動き

◆弁護士による自主改革は期待できない

ここで、司法改革の大きな一翼を担うべき、弁護士について少し述べておこう。

・弁護士の力量

筆者は弁護士の姿が比較的よくみえる立場にいる。その目から弁護士を一言でいえば、やはり「超難関なペーパー試験を合格しただけの存在」となってしまう（もちろん例外もいる）。

確かに、彼らはさまざまな仕事を通じて、多くの人と接触している。だから、裁判官よりはずっと社会経験を積んでいる。しかし、人との接触といっても、その大半は**「偉い弁護士先生」**という立場からのものだ。また彼らもプライドが高い。周りの人は「プライドを傷つけるとやっかい」とばかり、やや遠巻きにしている。だから一般社会に今ひとつ溶け込んでいないように思う。

プライドといえば、多くの弁護士は、分からないことを聞かれた場合に「分かりません」と言うことができないようだ。また、弁護士は報酬を払ってくれる大切なお客を、すべて事務所に呼びつける。まさに殿様商売。自身が営んでいる事業がサービス業であるという自覚があまりないらしい。

その一方、たとえば借地明渡し問題といった具体的事案を相談すると、たいていの弁護士の回答は次のようなことになる。「難しい問題ですねー。判例を調べたところこんな感じでした。多少ケースが違うので何ともいえませんが、裁判をやれば勝てる可能性はかなりあるとは思いますが……」。

確かに、裁判はやってみなければ分からないという面は強い。しかし、そうであるとしても、その段階における専門家としての見解や方針が、ある程度は提示されてもよさそうなものだ。

弁護士の専門領域についてさえこの調子なのだ。であれば、それ以外の知識が必要となる分野、たとえば税金、医療、建築などに関する事案に、どう対応しているのであろうか。さらに弁護士には（これもプライドのせいであろうか）、「人の気持ちが分かる」人が少ないように思えてならない。これでは遺産分割や離婚など、人の感情のからむ問題が的確に処理できるか心配になってしまう。

ついでにいえば、筆者は、自身が行う多くの行政訴訟の過程で、弁護士の腕前を目にしている。いろいろな人がいるが、法解釈の力量、法廷その他での折衝力、準備書面の記載方法などの多くの面で、全般的に力不足を感じてしまうケースが多い。不得手な行政訴訟だからなのであろうか。

・筆者が訴えられた話

実は筆者は何年か前に、自宅の私道等の境界に関して弁護士に訴えられた経験がある。このトラブルから弁護士や裁判官の生態をかいま見たので、少し紹介してみたい。

先方の夫人から強硬につけられたクレームの内容は些細なことに過ぎない。したがって当方は誤解である旨何度か説明したが分かってもらえなかった。

そしてその後の面談の約束も反古にされ、間もなく自宅の郵便受けに、弁護士からの内容証明郵便が送達される。一言でいうと「弁護士事務所に出向いて事情を説明せよ。さもないと法的手段に訴える」である。

勘弁してほしい。説明を受けたければ弁護士の側から来ればいい。何より現地で私道や塀の状況を見ながらの折衝でなければ話は進まない。再三これを電話で力説したが、弁護士は聞く耳を持たない。そして二度目の内容証明郵便を送りつけ、間もなく裁判に訴えたのである。一般素人がこのようなことをされれば、おそらく震え上がってしまうだろう。

当方は送達された訴状に対して、背景事情や事件の経緯、そして先方の主張の不当性等を分かりやすく詳細に記載した答弁書を裁判所に提出した。そして「先方の反論やいかに」と張り切って裁判所に出向いたら、直ちに和解の勧めを受けた。こうした段階での和解という方法を知らなかったから面食らったものだ。

和解折衝の場で判事（裁判官）がこう言った。「貴方の答弁書は本当によく書けており、争いの事情が全て分かりました。原告側もここに書かれた経緯に関しては否定していません」。

であれば当方の主張(先方の主張は言いがかりであり門前払いすべし)を全面的に受け入れるのかと思ったら、そうはいかない。判事は次回の期日において、やや強引に先方の主張の二〜三割を受け入れた和解案を提示してきたのだ。

こちらは「話が違う」という主張をしたが、判事が冷たく言い放った。「この和解案を拒否するのであれば裁判になりますが、あなたの思うような判決は出せませんよ」。これは和解受け入れの強要である。そうまで言われればこれは受け入れるしかない。ここで和解成立。同時に裁判所における和解の実態を知った。

さらに和解案を伝える判事の顔にはこう書いてあった。「この和解案はあなたにとっては不満が残るものであることは承知しています。しかし原告は弁護士に依頼した上での提訴である一方、あなたはこれに頼んでいません。にもかかわらず原告の言い分が全面的に否定されたのでは弁護士の立場がなくなってしまいます。この和解案はそうした面をも考慮したものです。その点を理解してこれを受け入れなさい」。

・弁護士法の規定

筆者は長年、何となく弁護士の任務は「代理人として依頼者の利益を第一として活動すること」であると思っていた。

ところが、本書に取り組むに際して弁護士法なるものを目にして驚いた。その第一条第一項にはこう書いてあるではないか。**「弁護士は、基本的人権を擁護し、社会正義を実現することを使命とする」**。この規定には感動すら覚える。しかし、実態はビジネス第一主義なのであろう、依頼者の利益一本槍となる。そうした強硬な主張により、利害関係者のあるべき平穏（つまり社会正義）が侵されることもかなり多いように思う。

さて、弁護士に激辛の論評を加えたが、むろん弁護士の全部がこうであるというつもりはない。少数とはいえ「人の気持ちが分かる弁護士」もいる（ちなみにこうした人は、他の職業を経た上で弁護士になった人が多いようだ）。さらには、弁護士法が規定する使命を果たすべく、献身的かつ精力的に刑事訴訟その他に取り組んでいる人が、それなりにいることも承知しているつもりだ。

しかし残念ながら、そうした人はあくまで少数派というよりほかないのではあるまいか。

◆行政訴訟と弁護士

弁護士による行政訴訟への取り組みは、全般的にかなりお寒い。筆者のような外部の目からは、ともするると「法律ギルド」の一員といった存在にさえ見えてしまう。しかし、それではいけない。弁護士こそ、行政訴訟に象徴される司法の退廃に対して、改革の先頭に立っていただきたいと切に思う。

・弁護士の問題意識

前述したように、弁護士法は、基本的人権の擁護とともに社会正義の実現を弁護士の使命としている。これまで明らかにしてきたように、行政訴訟は、この「社会正義の実現」を極めて大きく阻害している。しかし一般に弁護士は、この点に目を向けようとしていないようにみえる。

一例を挙げよう。一昔前の裁判の傍聴人は、法廷でメモを取ることが許されていなかった。このメモ禁止の不当性を裁判に訴えたのが、何と外国人であった。そして、趣旨に賛同する弁護士の精力的な応援もあって、紆余曲折の上やっとメモＯＫの判決が確定した。

つまりこのような論外の禁止事項を、弁護士はそれまで長年放置してきたわけだ。何より問題なのは、今日この話（メモＯＫは素人の外国人の働きかけによる）を弁護士にしても、彼らには「弁護士界として恥ずべきこと」という認識がまったくみられない点だ。

また先に述べた法務省による中間省略登記の禁止令も同様だ。この民法の根幹規定の歪曲ともいうべき事態に、積極的に「待った」をかけようとする弁護士は皆無であったのだ。

いずれにしても、弁護士は極めて少数の例外を除いて、行政訴訟には全く関心を示してしていない。最大の理由は、弁護士が「行政訴訟はビジネスにならない」と考えている点にあるようだ。とはいえ、弁護士法が「社会正義の実現」を謳っている以上は、収入の安定した人は社会奉仕と覚悟してでも、積極的にチャレンジしていただけないものであろうか。

・司法修習での「洗脳」

司法試験の合格者は、二年間（最近は一年）の司法修習の期間を送る。司法修習の運営は最高裁が行っており、弁護士志望であっても、この期間は最高裁の傘下に入る。そこには厳しい卒業試験もある。論文形式の試験や日々のレポートでいい点を取るには、出題者などの意向を把握し、それに合わせて答案等を作成するのが一番である。となれば司法修習期間の講義や試験によって、最高裁の発想や意向が、いつの間にか修習生にすり込まれていく。こうして彼らは、**最高裁にいわば「洗脳」される状況**となる。

多くの弁護士が持つ不自然なまでのエリート意識は、その結果であるとも考えられる。また弁護士の心理には、最高裁を頂点とする法曹界の強固なヒエラルキーが存在するように思える。事実、日弁連も最高裁にはまるで頭が上がらないようだ。

いやそもそも、裁判官が審理方式として採用している「要件事実」論を、弁護士はどう思っているのか。一二八ページ以下で述べたとおり、要件事実論は裁判官による審理・判断の手抜きの色彩が濃い。弁護士からこの手法への疑問や批判が出てこないのは、司法修習におけるすり込みの「成果」によるのではないのか。

筆者が「洗脳」を痛感するのは、裁判所に提出する準備書面の文章についてだ。筆者の原稿は、弁護士から「表現がきつい」としてかなり修正されてしまう。とりわけ裁判所への批判は御法度となる。おそらく彼らは、司法修習時の準備書面起案演習などで、強い表現の文章を書くと大減点を受けていたものと思われる。

確かに裁判の勝ち負けを考えれば、裁判所を強く批判するのは損かもしれない。また、当事者よりも冷静に対処するのが弁護士の役目であることもわかる。しかし「争い」である以上、準備書面にある程度の「怒り」を表明するのはかまわないと思うのだが……。

また彼らには「法廷は神聖なもの。裁判官の訴訟指揮に逆らうのはもってのほか」、という考えがかなり染みついている。役所へのえこひいきそのものの訴訟指揮にも、従順に従おうとする傾向が強いのだ。そのような場合には、強い気持ちで抵抗してもらいたいと思うのだが。共に出廷した際の、彼らの対応からこれらを痛感するのである。

・法律ギルドの一員

ところで弁護士は、裁判官や検察官を含めた「我々法曹三者」という言い方や発想をよくする。つまり弁護士も同じ司法試験合格者として、いわば役所と同様の「支配者の立場にいる」と思いたい・思わせたいというニュアンスを感じる。自身が支配者の側にいると認識すれば、支配構造を壊そうとは思わない。行政訴訟に後ろ向きの弁護士が多いことには、そんな背景もありそうに思ってしまう。

裁判所も、弁護士を法曹三者の一員として、相応の仲間意識を持っている。そして、共通の超難関な試験の合格者として処遇する。

たとえば、弁護士を管財人や各種の監督人に指名した場合に、裁判所が決定するその報酬はやたら高い。また同じ作業（たとえば成年後見人）を依頼するにしても、相手が弁護士と司法書士とでは、報酬を含め扱い方がまるで違ってくる。

民間人が弁護士の違法・不当を訴えても、よほどの事情がない限り、裁判官は弁護士を負かすようなことはしないようだ。また裁判官は、弁護士を付けない本人訴訟での主張を一般に軽くみる。

結局のところ、最高裁をリーダーとする法曹三者が、法（司法）を私物化しているように思えてならないのである。

・合格者増への期待

先の『日本の裁判』（岩波書店）には、司法改革に関連して弁護士に対する次のような記述がある。

「弁護士を、社会的地位の高さや経済的ビジネスの有利さのゆえに職業として選び、自己の職業的利益の擁護には熱心であるが、国民不在の司法の現状を改革するのに関心がうすい人も、少なからずいるのではなかろうか。日本の司法改革を考える上で、弁護士も自己改革の対象である。」

今日の司法改革については、弁護士会側からも「何とかしよう」という機運がみられる。そのことには期待したいのだが、とにかく筆者が望むのは行政訴訟への取り組みである。

現実的な話をすれば、「弁護士の自己改革」を待ち望むよりも、むしろ今日における司法試験合格者の飛躍的増大の流れに期待したほうが早いのかもしれない。弁護士の数が増大してくると、需給関係の変化により、依頼者や受注先が減ってこよう。となれば弁護士も、いやおうなく新たな業務の拡大を図る必要が生じてくる。

その開拓先の一つに、行政訴訟が浮かび上がるかもしれない。行政訴訟はやりようによっては大きなビジネスにもなる。なにせ、勝訴した場合の賠償金や還付金（つまり成功報酬の元金）は、取りっぱぐれの心配がない（だから、なるべく着手金は安くして、成功報酬狙いに徹してほしい）。経験を積めば勝訴率も上がってこよう。

役所側は、「どうせ裁判など起こしてこないだろう」と高をくくっているからこそ、不当な取り扱いを強要してくる。ところが「裁判を起こされるかもしれない」と思えば、思いとどまることもあるだろう。提訴の可能性だけで、かなりの抑止力となるはずなのだ。

行政訴訟が数多く起こされるようになれば、法律業界内で判決の動向や訴訟戦術、さらには行政訴訟そのものについての関心が高まり、多くの議論がなされるようになる。その結果、単なる行政追随の不当な判決に関しては（今まではあきらめで終わっていたのが）、弁護士会をあげての怒りに結実するかもしれない。不当判決は成功報酬を喪失させるので、弁護士のビジネス面でも大きな痛手となるからだ。

行政訴訟ひいては役所の行動は、こうした動きによって、（徐々にではあろうが）まちがいなく変わっていくはずだ。こうした動きに期待したいのである。

◆米国の司法改革と陪審員制、法曹一元化

現在の司法、とりわけ行政訴訟・刑事司法は重く病んでいる。近年これを何とかするべく司法改革が試みられている。しかし司法に君臨する最高裁がまったくの後ろ向きとなっている。ついに始まった裁判員制度は期待を抱かせるが、最高裁・法務省がしきりに骨抜きを図っている（後述）。

そこで、実現性の問題はさておき、本来あるべき改革とはどのようなものであるかについて、アメリカとの比較を含めここで考えてみたい。

わが国においてすでに何十年も前からその必要性を指摘され、導入を訴え続けられてきている二つの制度がある。「陪審員制度」と「法曹一元化」である。これらが実現できれば、司法は大きく改善できるのである。

・陪審員制度

今日の司法制度では、先進諸外国のほとんどすべてで、市民が司法に参加している。わが国のように、職業裁判官のみによる司法制度を採用しているのは大例外に過ぎない。

司法への市民参加の制度は、陪審制と参審制の二つに大別される。ここでは、主に陪審制を、参審制と比較しながら説明することにしよう。なお、両者の違いを一言でいうと、陪審制が一般市民（つまりまったくの素人）の感覚を重視しようとするものであるのに対して、参審制は素人参加方式と職業裁判官のみによる方式の中間的な存在といえる。なお陪審制は米英が採用し、参審制は仏独といった欧州の国に多い。

まず参加する市民の選出方法だが、陪審制は一般人としての市民感覚を重視する視点から無作為抽出で

行う。一方の参審制は、参加者には一定水準以上の見識が必要であるとして、対象者の推薦や、一定以上の学歴を要するなど条件が設定される。

司法への参加者は、陪審制では特定の事件一件のみのために招集される。一般市民にいくつもの裁判を担当させると、職業裁判官と同じ感情を持つようになってしまいやすい。それでは市民参加の意味が薄れるので、召集は一件の事件に限られているわけなのだ。一方参審制は、一定の受任期間に生じた事件を複数担当する。

参加する市民の数や裁判官に対する割合は、一般に陪審制のほうが多く（一〇人前後）、参審制のほうが少ない（二〜三人）。

事実認定については、陪審制は市民のみで検討・決定するが、参審制は裁判官とともに協議する。また法令の適用は、陪審制では市民にはその権限を持たせない一方、参審制では参審員は裁判官と協議する。

陪審制について以上をまとめると、「一般市民から抽出された陪審員が、刑事・民事を問わず職業裁判官抜きで評議し、（有罪か無罪かなどの）事実認定のみを行う。そして、これを受けて裁判官が、量刑を含め法律問題を判断する」となる。

ここで、アメリカの陪審制度の意義について、東大大学院教授のダニエル・H・フット氏の書いた『名もない顔もない司法』（NTT出版）を参考にみていくことにしよう。

陪審制度は、争いに市民の感覚を反映させることに意味がある。基本的にアメリカでは、市民が下した判断のほうが、職業裁判官のものよりも一般市民に受け入れられると考えられている。後述するように、法曹一元化が実施されているアメリカでさえそうなのである。

何より重要なのは、この制度が参加型民主主義を促す役割を果たしている点だ。陪審員になることは、一般市民が国の機関に直接参加することを意味するからである。ちなみに「陪審員の経験者は、選挙における投票率が相対的に高い」ということが、最近の調査で分かってきたという。

さらにはこの制度は、「司法制度についての理解をはじめさまざまな面で、一般市民にとって豊かな経験・教育的効果が生じるという。アメリカでは毎年五〇〇万人が陪審員になるために呼び出され、そのうち一〇〇万人が実際にこれを務める（ただし、裁判全体からみれば、陪審による裁判は圧倒的に少数）。そして、大半の陪審員経験者がそのこと自体に誇りを持ち、次回も「進んで陪審員になる」と述べているという。

なおアメリカでは、陪審員を務めた人はその経験を話してよいとされている。したがって、家族や友人への体験談により、その教育的効果は何倍にも広がっていく。ある調査によれば、七五％の人が「自分が裁判の当事者になったら、裁判官よりも陪審に判断してもらいたい」とする見解に同意しているという。

・戦前の陪審員制度

実は、**わが国にも陪審員制度が実施されていた時期がある**。大正デモクラシーのうねりの中で導入が決定し、昭和三年からスタートした。この制度について、亀井洋志著『司法崩壊』（WAVE出版）を参考にみていきたい。

陪審員制度の導入の契機は、当時強大化していた検察権力の抑制と、密室裁判による人権侵害への批判であった。ただし建前としては、「従来の裁判に弊害があったわけではない。あくまで立憲制度の大精神に基づいて行う」というのが導入の理由になっている。

しかしこの制度にはいくつかの欠点があった。たとえば、対象が事実認定だけで有罪・無罪の判断ができなかったこと。裁判官は陪審の答申に拘束されず、何度でも評議のやり直しができたこと。陪審員になる資格者は、一定の納税を行っている三〇歳以上の男性であること、などである。

それでも当時としては、十分立派に機能したようだ。日本初の陪審裁判は大分地裁で開かれた。その事案は、情痴の果てにセメント職工が情婦の胸部を出刃包丁で刺し、治療二週間の傷害をあたえたというもの。検事は殺意を認めた（つまり殺人未遂罪）が、被告人は殺意を否認（つまり単なる傷害罪）している。

答申を行う当日の九時に裁判長は、陪審員一二名（陪審員は前日までに検察の主張、被告人の弁明、証人の陳述などを聞き、各種の証拠の閲覧を済ませている）に、答申にあたって各種の説示（説明）を行う。そして最後に「取り調べで被告が殺意を認めたのは、この場合には証拠にならないこと。ただこの法廷に表れたことのみを根拠とせよ」と指示する。

その上で、裁判長は陪審員に次の点について質した。主問として「被告に殺意はあったか」、補問として「殺意がなかったとすれば、単に傷害の目的で斬りつけたものであるか」。

陪審員は、一〇時半から評議室に入り極秘裏にこれらを評議。二〇分後に陪審員長が、「殺意なし。単に傷害の目的で斬りつけたものである」と報告。裁判長はこれを至当と認め、判決もこの報告に沿った形で下された。当時の新聞は、これを「成功した大分の陪審初公判」といった見出しで大きく報じている。

この陪審員制度は、昭和十八年に戦争遂行のために陪審法が停止するまでの一五年間維持され、陪審裁判は全国で四八四件行われた。特筆すべきは、その**無罪率が一六・七％と高かった**ことである。ちなみに、殺人事件だけでみると、陪審裁判の無罪率が六・三％であるのに対して、当時の職業裁判官の無罪率は〇・〇七％であったという。また、裁判官が陪審員の答申を却下して陪審を更新することは、実際にはほとんどなかったといわれている。

なお、陪審法は廃止されたわけではない。当時の「陪審法ノ停止ニ関スル法律」により「今次ノ戦争終了後施行スルモノトシ」とされているだけなので、現存しているという解釈も成立する。ただし、「現行憲法は陪審法を前提としたものとはなっておらず、このまま陪審制度を導入することは違憲の疑いが濃い」という説も強いようだ。

・**法曹一元制**

司法を革命的に改革するもう一つの手法に、日弁連（日本弁護士連合会）が長年志向し続けている**法曹一元制**がある。

これを簡単にいうと以下のようになるだろう。まず司法試験の合格者は、原則として弁護士または検察官になる。そして弁護士・検察官の経験を一〇年以上積んだ者から、所定の方法で裁判官への任官を希望し、選定委員会の選考をパスすることにより裁判官になる。つまり、すべての裁判官の供給源を弁護士や検事とし、その豊富な職務経験を生かした裁判を行おうというわけである。

ここで、アメリカの法曹一元制について、『名もない顔もない司法』を参考にみておこう。

米国の裁判官の選任方法は州ごとに異なり、住民の選挙によるもの、知事等の任命（議会の同意を要する）によるもの、裁判官選任委員会の推薦に基づき知事が任命するものなど、いくつものやり方に分かれている。ただし選挙にせよ知事（つまり政治家）の任命にせよ、裁判官の選任に政治の影響力が及んでいる面は否定できない。

選任される裁判官の平均年齢は五〇歳見当で、それ以前は弁護士やその他の職業（公務員、学者、実業家など）で豊かな経験を積んでいる。またいったん選任されると、司法の独立のために手厚い保護があたえられる。彼らには転勤がなく昇進・降格すらない。給与は年齢や経験にかかわらず同額の固定給が一般的である。反面、いったん就任した裁判官が不出来（能力が低い、怠惰、イデオロギーの主張、職権乱用など）であっても、解任しにくいという面もある。

確かに欠点もないわけではないが、アメリカの制度を一例としてみる限りにおいて、法曹一元化はわが国の重く病んだ司法を一変させる処方箋になるだろう。

事実、現行憲法制定の段階では、法曹一元制が予定されていたという。ところが戦前から残った司法官僚らが、裁判所法案の立案過程でこれに強力に反対し、戦前のキャリアシステムが温存されたという（『日本の司法の逆説』による）。

しかし法曹一元制の導入は、司法官僚制の解体と同義語といえるだろう。したがって最高裁や法務省は、あらゆる手段を使ってこれを阻止しようとするに違いない。法曹一元化は現状では「夢物語」というよりほかない。

◆米国の冤罪対応とわが国の惨状

司法改革を考えるに当たって、もう一つ米国に参考になる事例がある。米国の冤罪事件への対応である。

この件について、伊藤和子弁護士の手による『誤判を生まない裁判員制度への課題―アメリカ刑事司法改革からの提言』（現代人文社）などを参考に、ここで触れておくことにする。

米国の法制は、州ごとにかなり違いがみられるが、基本的にはすべて陪審制と法曹一元制が実施されている。この先進的な司法制度のもとにあるはずの米国で、一九七三〜二〇〇五年の間になんと一二二人の死刑囚が無実と判明し（ＤＮＡ調査によるものが多い）釈放されたのだ。この驚くべき事態に際し、現在米国では懸命の刑事司法の改革が行われている。

・冤罪の原因

アメリカでこれほど大量に冤罪・誤判が発生していた原因を分析すると、そのほとんどが警察の不当な捜査によることが判明した。陪審員を含む裁判体が、警察の不正義を見抜くことができなかったわけである。

冤罪の原因をみていくと、自白の強要、被疑者に有利な証拠を隠す、恣意的に誘導した目撃証言を証拠にする、といった手法が蔓延し、「ゲームかスポーツのように」犯人を仕立て上げて有罪にするのだという。

このほか、州によっては人種的偏見により陪審員の判断が歪められることもあるという。陪審員のほとんどを意図的に白人で構成したうえで、黒人の被告人を裁くようなケースである。また弁護士費用を保証する公的制度がないため、貧しい被告人には不適切な弁護士しかつかず、むざむざ有罪とされるケースも少なくないのだという。

・米国の改革

こうした多くの冤罪者の存在に気づいた米国では、司法界のリーダーシップにより、近年（主に二〇〇四年以降）、以下のような刑事司法の改革が行われた。

まず自白の強要に関しては、**取り調べの全過程の可視化**（録音・録画）で対応した。今日、可視化の流れが全米の警察署に広がっている。実はこの可視化は法的な要請もあるが、むしろ警察が自主的に導入しているケースも多いという。導入した警察からは、「もう録音・録画のない時代には戻れない。戻りたくない」という発言が出ているのだそうだ。

主な理由は、「虚偽の自白を強要された」とする、被告人による批判から解放される点にある（自白の強要が多いと、逆に罪を犯していながら「自白の強要」を主張する犯人も現れるようだ）。さらには、メモ不要で事情聴取に専念できること、テープ再生により見逃していた手がかりや供述の矛盾をチェックすることができる、など、捜査側にとってもメリットがあるのだ。むろん、捜査に対する市民からの信頼性を獲得できる点も大きいようだ。

捜査当局による「証拠隠し」については、次のような対応が行われている。まず一部の州では、検察官手持ちの全証拠を事前に全面開示しなければならない、とする法律が施行されている。こうした法律の立法がなされていない州においても、この流れを受けて、裁判官が積極的に証拠開示命令を出すようになっているという。しかし、証拠が警察に保管されたまま検察に渡っていないものは対象外になるなど、証拠隠しについてはまだまだ問題が多いようだ。

証拠開示に関しては、西欧諸国が先進的な状況にあるという。たとえばカナダ、イギリス、フランス、ドイツ、イタリアなどでは、ほぼ事前・全面開示がなされているらしい。この開示制度は「検察の手中にある捜査の成果は、有罪を確保するための検察の財産ではなく、正義がなされることを確保するために用いられる公共の財産である」という考えに基づく。

目撃証人の誘導に関しても大きな改善がなされ、効果をあげているという。改善の主な内容は次のようなものだ。

目撃者に犯人候補の写真を見せる場合には、必ず「この中に犯人がいるかどうか分からない」という前提を告げるようにする。さらに予断を与えないように、担当する警察官も誰が被疑者であるかを知らない者とする。写真識別を行った目撃者は、被疑者を的確に指摘したかどうかといった結果に関する情報を得てはならない、などの原則が定められたのである。

このほか、有罪判決を受けた者に、ＤＮＡ鑑定を受ける権利を保証することとした。全ての重罪および性犯罪者に関し、精液、血液、唾液などの生物学的証拠を警察に提出させ、関係者がその特徴を分析してその情報を保存するべきことを定めたわけである。

・わが国の惨状

こうしたアメリカの改善項目に対して、わが国の取り調べの状況がどのようになっているかを見ていこう。

まず、密室における自白強要についてだが、取り調べのための拘束期間は、アメリカのほぼ二日に対して日本では二三日間もある。にもかかわらず日本の捜査当局は、取り調べの全過程の可視化について、「取り調べの障害となり自白が得られなくなる」としてこれを拒否する。足利事件によってこの点の必要性がより明確になった今日でさえ、法務・検察等の意向を受けた政府は、これを否定し続けている。

可視化を推進しようとしているある米国人はこう発言している。

「(米国の取り調べ期間である)一〜二日間で、被疑者を心理的に追い詰めて自白に追い込むことは十分に可能です。私は、日本では二三日間もの間、警察が被疑者を何時間にもわたって取調べることが可能だと知って、とても驚きました。それでは虚偽自白という問題が発生するのはアメリカの比ではないでしょう」(『誤判を生まない裁判員制度への課題』)。

証拠開示については、わが国では従来から全面的に裁判官の判断に委ねられていたのだが、実際にはほとんど開示命令は出されていなかった。近年、この点の法整備がなされたが、やはり裁判官の裁量しだいであり、開示はほとんど期待できる状況にはないようだ。

目撃証言の誘導については、アメリカにおいて冤罪の主要因であることが判明した以上は、類似の捜査方法をとっているわが国でも同じような誤りがあるであろうことは予想される。また日本においても、犯人識別法については多くの実証的な研究がなされているという。しかし警察、検察、裁判実務では、いまだに十分な検討がなされているとはいえない。

さらにわが国では、DNAの再鑑定を受ける権利は明確に保証されていない。そのため検察の鑑定でDNAが全量消費にされてしまったり、少量残っていても劣化によって鑑定不能となる場合が少なくないという。したがって、捜査当局に資料の保存を強制するなどの措置が求められるが、そうした動きはみられないようだ。とはいえＤＮＡの再鑑定によって足利事件の冤罪が判明している以上、何らかの改善が行われるはずだ。

・日米での司法の比較

以上のとおり、米国に比べると、どの面をみてもわが国の冤罪対策はまったくの無策であり、「日本人として恥ずかしい」といった状況にある。この違いの原因は、一体どこにあるのであろうか。

この答えは簡単である。両国の捜査当局が、どちらも「被疑者を有罪としたい」という「職業的こだわり」を有している点は同じだ。しかし米国では、その「職業的こだわり」が不正義・悪であることが分かった段階で、司法が懸命にそれを是正しようとしている。ところがわが国では、司法にそうした気が全くないのである。

日本の裁判所は、警察・検察という強い者をとことん擁護することにより、自身の保身を図っているからだ。まさに「情けない」の一語である。

3　裁判員制度の問題点と期待

◆裁判員制度発足の経緯

弁護士の裁判官任官制度、法科大学院の設立、司法試験合格者の大幅増大など、わが国でも近年いくつかの司法改革がなされている。しかし何といってもその最大のものは、刑事訴訟に導入される**裁判員制度**である。

平成二十一年五月にスタートした裁判員制度（最初の裁判員裁判の実施は、八月初旬が予定されている）に対しては、これに好意的な者、強く批判する者、さらには懐疑的な者など、さまざまな反応が出ている。そして、現実には、「何のために導入されたのか全く分からないし、そもそも負担が大きい」と考える人が大多数であり、この制度を心から歓迎する人はほとんどいないのではあるまいか。

しかし筆者は、制度には欠陥があるものの、なんとかこれが「真の司法改革の起爆剤なってほしい」と強く念願・期待している。事実、裁判員制度の導入を意識したせいか、無罪率が高まるなどかなり風向きが変わってきているように思う。また足利事件の受刑者菅野氏の異例の釈放などは、まさしく裁判員制度の影響といえよう。

そこで最後に、この裁判員制度へ強い期待を込め、これを少し詳しくみていきたい。

・裁判員制度発足のきっかけ

司法改革が導入されるようになった一つのきっかけは、昭和五十四年～平成元年にかけてたて続けに発生した「四大死刑事件再審無罪判決」である。

これら免田、財田川、松山、島田の各事件は、拷問その他により強要された「自白」に基づき、最高裁による死刑判決を受けていた。そして、数十年間の獄中生活を経た上でやっと認められた再審の場で、当初の自白が信憑性を欠き、また証拠も極めてズサンであったことが明らかになり、無罪判決となったのである。

これにより、刑事裁判制度への批判が高まり、少なからぬ改革案が提示された。その代表が、弁護士や学者から強く主張された、陪審・参審制の導入である。その主張の背景には「有罪率九九・九%」で明らかなとおり、職業裁判官は無意識のうちに検察官の主張を擁護する傾向があり、無罪の推定に慎重すぎる、という批判があった。

しかしその後、冤罪事件についての世論の関心が薄れていくにつれ、陪審制度導入の声は下火になっていった。

しかし、平成十三年六月に、**司法制度改革審議会（改革審）**が司法改革の目玉として、国民の司法参加を打ち出した。その後設置された司法制度改革推進本部は、この方針に基づき広汎な改革を進める一方、裁判員制度を検討しその骨格案を示した。そして若干の修正の後、国会において平成十六年五月に「裁判員の参加する刑事訴訟に関する法律」（裁判員法）が成立したのである。

・妥協の産物

しかし一般国民は、今までの刑事司法の実態を全くといっていいほど承知していない。したがって裁判員制度に関しては、国民は「何のためのものか分からないものが突然降って湧いた」といった感触しか持ち合わせていない。

そもそも裁判員制度は、相対する二つの主張のせめぎ合いの結果、その妥協の産物として成立した。すなわち、最高裁や法務省は「従来の刑事司法には何の問題もないのであり、導入するとしても参審制で十分」と主張する。参審制であれば、御用学者などの身内に準じる人を参審員に任命しておけば、今までどおりの運用が可能となるからである。

一方、「現行のしくみは冤罪の温床」と酷評する一部の弁護士や学者の側は、断固として陪審制を主張する。その結果として導入された裁判員制度は、以下のように双方の主張をいれたものになっている。

裁判員制度では、裁判員は国民から無作為に選ばれる。この点では陪審制に近い。ただし、裁判員が関わる裁判は、刑事事件の一部のみである。裁判員は、被告人が有罪かどうかと、有罪の場合の量刑について判断するが、その決定は裁判官と合議して行うことになっている。具体的には、原則として六人の裁判員が三人の裁判官とともに裁判の審理に出席し、証拠調べや弁論手続きに立ち会った上で、全員が対等の関係で評議を行い、刑を決定する。この部分は参審制に近い。

裁判員制度を採用するのは、「国民の意見を取り入れるにふさわしい、国民に関心の高い重大な犯罪」（たとえば殺人罪、強盗致死傷罪、身代金目的誘拐罪、危険運転致死罪等）に限定されている。裁判員制度の裁判は地裁のみで行われ、判決が控訴された場合の高裁では裁判員はタッチしない。

裁判員裁判の手続きは現行の裁判とほぼ同じであるが、「公判前整理手続」により、争点をしぼったスピーディな裁判が行われるのが特徴だ。すなわち裁判官、検察官、弁護士の三者で、事前に事件の争点や証拠を整理し、明確な審理計画を立てる。そして連日公判を開催することで、裁判員を拘束する期間を短くしている。ただし、公判前整理手続に対しては弁護を困難にするという批判もなされている（後述）。

なお裁判員制度は、スタートの三年後に制度を見直すことになっている。

・裁判員制度への論評

司法改革を担当する「改革推進本部」の事務局は、法務省が担当している。裁判員法の原案も法務省が作成した。そのため力関係はどうしても制度批判派の方の分がかなり悪い。以下に裁判員制度に対しての推進派、批判派双方の代表的な考え方を紹介するが、そこにはそうした力関係がみてとれる。

まずは刑事裁判の現状を批判する石松竹雄元裁判官の、「反対派は新法導入時にどう対応すべきであったのか」という問いに対する答えである（前出の『司法崩壊』による）。

「僕は最後まで抵抗しなければダメだと思います。日弁連も司法制度改革については、持論を持ち続けるべきだったと思う。陪審制度の復活が目標だったのに、結局、裁判員制度という形で国家権力側に取り込まれてしまいました。具体的な制度設計は、完全に法務省のペースで進んでしまった。」

この石松氏は、四〇年間の裁判官歴を有している。この人をしてこう語らしめている。この問題の根深さを如実に示しているといえよう。

一方、改革推進本部の一員であった池田治東京高裁判事は、その著書である『解説裁判員法』（弘文堂）において、「刑事司法が抱える問題点」の解決が制度の目的の一つであるとした後に、その「問題点」の具体的内容を次のように記している。


「刑事司法の現状は、数の上ではごく少数であるにせよ、審理に長期間を要している事件があり、世間の注目を集める事件が少なからずそれに含まれている。また誤謬のない裁判、すなわち真相の解明を志向するあまり（そのこと自体はもちろん誤りではないが）、審理・判断が必要以上に精緻なものとなり、書証依存の傾向が存することも否定し難い。」


つまり、これによると「刑事司法が抱える問題点」とは、「真相の解明のために時間がかかり過ぎている裁判が一部にあるだけ」ということになる。

確認しておくが、これは最高裁・法務省のＰＲ記事ではない。れっきとした法律の解説のための本である。にもかかわらず、この解説本を読んでも、刑事司法にはほとんど問題はないこととなり、何のための裁判員制度の導入なのかがいよいよ分からなくなる。

参考までに、二〇年の裁判官経験を有する弁護士の井上薫氏が書いた、「つぶせ！裁判員制度」（新潮新書）もみておこう。

著者の裁判員制度への反対理由は、そのまえがきに端的に表れている。曰く「裁判員制度の下では、法律を知らない裁判員によってどんな判決が出てくるかもしれず、裁判所は人権の砦としての役割を果たすことができなくなってしまいます」。

さらに、本文にはこうある。

「裁判員の仕事をするには一定の法律の素養が必要だし、その背景として、真剣に取り組む心構え、一般的な理解力、推理力、判断力、表現力が必要です。〈中略〉（裁判官はこれらを当たり前に備えた上で）毎日多数の事件を処理しているのです。」

本全体の論旨からみても、この著者は本当にそう思っているらしい。

しかし、裁判所が「人権の砦」失格であるからこそ、そして裁判官に「一般的な理解力、推理力、判断力」が大きく欠如しているからこそ、裁判員制度が必要となっている。このようなことを確信している裁判官が少なからずいるであろうことを考えると、むしろ制度導入の必要性が高まっているように思える。

さてマスコミは裁判員制度創設の理由を、どのように説明しているのであろうか。

残念ながらここにも、権力側に擦り寄るマスコミの本性が表れている。本書で述べてきたような、現在の裁判所が抱える問題点をまったく報じようとしないのだ。報道や解説を見ると、ほとんど「有罪率九九・九％」という数値もなければ、「四大死刑事件再審無罪判決」という用語も出てこない。

驚いたことに、読売新聞社会部が出した『これ一冊で裁判員制度がわかる』（中央公論社）という二〇〇ページもの本にも、この部分はすっぽり抜け落ちている。しかし「有罪率九九・九％」が象徴する刑事司法の現状を知らせなければ、「今なぜ裁判員制度なのか」が分かるはずがない。大マスコミは、こうした現状をひた隠しにしているのである。

ちなみに、マスコミの説明する創設理由は、主に次のようなものである（平成二十一年五月十二日付け読売新聞）。

「裁判の長期化や複雑化で司法が国民にとって縁の薄いものとなってしまった」「海外ではほとんどが国民参加がなされている」「全体的に役所主導が見直されている」とかである。こんな理由で、わざわざ仕事を休んでまで裁判所に行く気になれるわけがない。これでは国民がこの制度に賛成しないはずだ。

・裁判員への出席経験

筆者は、千代田区の広報の呼びかけに応じる形で、平成二十年七月に行われた裁判員の体験のための「千代田区ミニフォーラム」に出席してみた。そこでは、殺人事件の経緯を紹介する約三〇分の映像を見た後に、約五〇名の出席者が八グループに分けられ、グループごとに罪状や量刑についての議論を行った。

約七人のグループで行った約一時間の議論には、一名の若手裁判官が同席した。ここでの裁判官は、法解釈の簡単な説明のほかは司会役に徹していた。その好リードもあってか、各メンバーはしっかり考えた上でそれぞれの見解をはっきりと述べ、議論はかなり盛り上がった。そして、最終的に皆が「なるほど」と思える結論に到達することができたのだ。

ただしこの日の出席者は、「裁判員」の集会に積極的に応募してきた人たちである。その点は大きく割り引いて考えなければならないだろう。しかし筆者の実感では、裁判官が強引なリードをせず、メンバーの意見を引き出すような対応さえすれば、常識的かつ妥当な結論が出せるのではあるまいか。裁判員制度は思っていたよりいい制度であると感じたしだいだ。

なおその終了後、個別に司会役の裁判官（任官後八年）に「有罪率九九・九％」などについての意見を求めた。すると当初は「あれは検察が絶対有罪という事案にしぼって起訴しているための数値」という。これが一般的な逃げ口上なのであろう。

ただし、筆者がさらに追及していくと、「司法改革の動きを受けてからはかなり状況が変わっている。現に自分も痴漢の被告人に対して無罪判決を出している」と力説していた。おいそれとは信用できかねるが、まんざら嘘でもないようにも思えたものである。

◆裁判員制度の問題点

最高裁が何といおうと、**裁判員制度は刑事訴訟を是正し、誤判や冤罪を減らすべく導入された**と理解すべきである。とはいえ新制度により有罪率等で著しい変化が生じてしまっては、過去の刑事訴訟が不公正であったことが表面化してしまう。これでは、最高裁・法務省は立場がなくなってしまうだろう。

そこで最高裁・法務省側は、この裁判員法の起案者が法務省であることを利用して、いくつものしかけを設けている。この新制度には、疑問点・問題点が山積しているのである。

・弁護を困難にする公判前整理手続

土屋公献弁護士らによる、『えん罪を生む裁判員制度』（現代人文社）という本が出ている。この本で展

東京地裁で行われた裁判員制度を想定した模擬法廷（写真提供：毎日新聞社）

開されている、裁判員制度への批判の概略を紹介しよう。

そもそも検察側は、集めた膨大な証拠の中から、被告人の有罪を得るために都合のいいもののみを提示する。無罪を証明する証拠があったとしても、決してこれを出そうとしない。裁判官もこれを容認している。

さらには、長期間身柄を拘束した状況で、脅しや誘導により「自白」を強要する。そして公判の場で被告人が自白調書を否定しても、裁判所はこれを採用し強引に有罪に持ち込むのである。

こうした絶望的な状況下にあって、今までの刑事弁護が無罪判決をめざすにはどのような手法によっていたのであろうか。

被告人が無罪であるとすれば、自白調書は検察官の手による全くの作文である。つまり被告人はやっていない以上、どう自白していいかが分からない。だから捜査官が行う誘導のとおりに自白していく。ただしその内容は、物的証拠等の各種の状況と一致していなければならない。新たな証拠が発見されたりして状況が変われば、自白調書の内容もそれに合わせて変えていくわけである。

したがって検察側の証拠体系には脆弱性があり、弁護側はその点を追及する。すなわち証拠固めが完了し起訴された以降に、被告人や参考人の供述に不合理な変遷があることを指摘したり、自白調書に基づく検察側の主張と、客観的証拠（多くは探し出す）との矛盾点を追及する。いわばこうした「あら探し」によって、有罪方向の各供述証拠を批判し、その証明力を減殺していくわけだ。

ところが、公判審理の迅速化等のために新設された**公判前整理手続**を経ると、こうした手段がとれなくなるおそれが強い。なぜなら公判前整理手続の終了後に行われる公判では、新たな証拠調べを請求することができないからだ。これでは、検察側の証拠の脆弱性への「あら探し」は極めてやりにくくなる。

こうしたいわば「ゲリラ的弁護活動」が困難になる一方、現状では、検察側の不当な捜査は特に変わるとは思われない。取り調べの全面可視化、証拠の全面開示、人質司法の改善などがなされないまま実施される裁判員制度は、新たな「えん罪を生む」おそれが強いというわけである。

・裁判官の強い誘導

結局のところ、最高裁は裁判員制度を導入しても、刑事司法を変えるつもりはないようだ。裁判員を交えた裁判においては、「裁判官が裁判員を的確にリードして、すみやかに検察の意向に沿うような結論を出す」ことを望んでいるのであろう。そして、最高裁の意向を敏感に悟る現場の裁判官は、当然そのように対応しようとするはずだ。

一般に、普通の人が裁判に参加する場合には、「参加者は何をなすべきなのか」を、裁判官が的確に教示（説明）することが肝要であるとされている。市民参加型の裁判がうまくいくかどうかは、この教示の内容しだいであるとさえいわれる。

しかし、裁判官は、裁判員に対して本来なされるべき教示、たとえば「疑わしきは被告人の利益に」といった大原則の徹底を、本当にしっかり行うのだろうか。非常に心配である。ちなみに、裁判員法にはこうした「教示」を義務づける規定は定められていない。

逆に裁判員法（六六条）は、全員での話し合い（評議）に関して、「裁判長は裁判員に対し、法令の解釈に係る判断及び訴訟手続きに関する判断を示さなければならない」と規定し、「裁判員はこの判断に従ってその職務を行わなければならない」とこれに強制力を付している。さらに、この判断に従わない裁判員がいた場合には、裁判長は「不公正な裁判をするおそれがある」としてその裁判員を解任することができる（四三条）。

そもそもこの裁判員法には、裁判官が本来なすべきことに関しては極めて抽象的かつあいまいにしか書かれていない。その一方で以下にも述べるとおり、裁判員の義務や罰則に関しては、厳しい内容がやたら詳しく具体的に書かれている。この点も、裁判員法の本質を物語っているといってよいだろう。

さて、最高裁がインターネットで掲示している「裁判員制度Q＆A」は、「（裁判員が）裁判官の意見に誘導されるおそれはないのでしょうか。」という興味深い質問を設定している。これへの回答は、まず「そのようなことはありません」と断定する。そしてその理由として、「裁判官は必要な法令についてのていねいな説明をし、評議を分かりやすく整理し、裁判員の発言機会を十分設けよ」という裁判員法の規定（六六条五項）の存在を指摘する。

しかし、規定があっても、裁判官にその気持ち、さらにはその能力があるかどうかが問題であろう。最高裁の考えが「従前どおり」であれば、裁判官が「裁判員に必要な法令をわかりやすく説明して、十分な発言機会を設ける」といった気を起こすはずがない。あるべき姿などを説明して裁判員をその気にさせてしまったのでは、裁判官にとってやっかいなことになるからである。

まして、仮に法規定のとおりに行う意図があったとしても、エリート意識に固まった裁判官に、素人に分かりやすく説明するなどといった能力が、さしてあるとも思われない。彼らの多くは、日常生活における一般の会話の機会がかなり欠如している人たちなのである。

したがって裁判官は、最初のうちは評議の場で和やかに話していたとしても、評議が自己の意図と違う方向に流れていけばいらいらしはじめ、やがては強引に話をリードしていくのではあるまいか。となれば素人の裁判員は黙るよりほかなかろう。仮にそうした高圧的な対応を強く批判するような裁判員がいた場合には、一部の裁判官は「不公正な裁判をするおそれがある」ことを理由として、その裁判員の解任をちらつかせるかもしれない。

・強調される守秘義務

裁判官にこうした強引な対応がみられるとすれば、それは修正されなければならない。そうした対応が恒常化すれば、刑事裁判に関して「国民の理解の増進とその信頼の向上に資する」（裁判員法第一条）と定められている、この制度の目的を達成することができない。「（裁判官は）裁判員がその職責を十分に果たすことができるように配慮しなければならない」とする、裁判員法第六六条の規定にも違背することになる。

しかし、評議はいわば密室で行われる。したがってこの点を是正するためには、まずもって評議を行った裁判員が、そうした好ましくない状況を世に知らせ、世論を喚起していかなければならない。

しかし、裁判員法は裁判員に対して、**評議に関する厳しい守秘義務を課している**。すなわち「評議の経過や各参加者の意見及びその多少の数については、これを漏らしてはならない」(裁判員法七〇条)と定め、さらにこれに違反した場合には、「秘密漏示罪」として「六月以下の懲役又は五〇万円以下の罰金に処する」(一〇八条)とまで規定したのである。

この罰則は、国家公務員などの守秘義務違反に比べて格段に重い。おまけに期間も無制限。まさに脅しとしか思えない内容となっている。このような規定があると、評議で裁判官から誘導行為があっても、それを他者に訴えにくくなってしまう。

ちなみに、先のQ＆Aでは、守秘義務規定を定めた理由を、「(公開されると)後で批判されることを恐れて、(裁判員が)率直な意見を述べられなくなるおそれがある」や「いわゆるお礼参りを防ぐ」ためのものであると答えている。しかし、この理由にはあまり説得力がない。

何より問題なのは、禁止対象が抽象的で、何が「秘密漏示罪」に当たるのかが極めて不明確な点である。さすがにこの点は国会の審議の過程で問題とされ、法務委員会でその明確化に配慮することを求めた付帯決議がなされている。先の『解説裁判員法』では、立法作業の検討会における議論に基づくものとして、この点につき次のような解説を行っている。

まず、規制対象外のものとしては「事件の内容にわたらないものであれば、裁判官の言動や印象、裁判所の施設や雰囲気、裁判員として参加した感想（このほか、判決文などで明らかにされている事件の内容であればＯＫ）」となる。その一方で、守秘義務を負う内容は「判決の内容となっていない評議された内容、評議の順序、各論点における評決等の各人の意見やその多少の数」とされる。

しかし、一般にはこのようなことまでは知られていない。したがって「とにかく裁判員裁判に関しては話してはいけないそうだ。これをやるとかなりの刑事罰を受けるらしい」といった考え方が蔓延している。まさに最高裁の思うつぼというべき状況になっている。

・不都合な裁判員の排除

以上のほかにも、いくつもの問題点がある。

まず裁判員の選任に際しては、衆院選の選挙人名簿から無作為抽出により候補者名簿が作成される。次に特殊ケースの辞退者を除き、候補者は裁判所に呼び出され「不公平な裁判をする恐れ」の有無をチェックされる。ところが、その際の裁判官が候補者に質問すべき内容の事例に、とんでもないものが含まれているというのだ。

すなわち「あなたは警察の捜査は一般に信用できると思いますか」や、「死刑を含む量刑を判断できますか」といった内容である（この質問事例は最高裁が作成している。であれば現実にこの質問はなされるはずだ）。しかし最近報道されている冤罪事件をみるまでもなく、警察に不信感を抱いている人は少なくなかろう。また死刑廃止論者も存在する。裁判所はこうした考えの候補者を「不公平な裁判をする恐れ」

があるとして排除しようとしているのだ。

こんな質問は憲法で禁じられている思想調査ではないのか。しかも警察に不信を持つ者が、忌避されたくないために「信用しています」などと答えると、今度は虚偽の陳述をしたことになり、刑事罰が課される可能性が出てくる。

これでは、警察の実態を知らない人だけを裁判員に選任して、不当な捜査や大量に発生している誤判や冤罪を放置しようとしているのではないかと疑われかねない。

また次のような職種の人も、「一般国民の社会常識を反映させるという観点から適当でない」とされ、裁判員から排除されている。すなわち弁護士、司法書士、弁理士、大学教授・准教授などである。これは裁判官と対等に渡り合える者を排除し、評議の場で裁判官の主導権を守ろうとする意図によるものであろう。

ちなみにアメリカの陪審に関しては、裁判官や弁護士を含め免除職種は一切ないという。「陪審は市民なら誰でも果たすべき義務」と考えられているからである。

◆裁判員制度への期待――一般人の視点を裁判に

・刑事訴訟に風穴

以上のとおり、裁判員制度はかなりの問題を含んでいる。最高裁は、各種の規定や制度運用により、従来の刑事司法を維持しようとしているとしか思えない。

しかし筆者はその思惑は達成できないのではないかと思う。裁判員が参加する裁判は、現状の職業裁判官のみによる裁判に比べて、徐々にではあるとしても冤罪が起こりにくくなる方向に改善されていくと考える。

最大のポイントは、検察官が被告人の有罪を「合理的な疑いを入れない程度」まで証明する義務を有していることである。裁判員裁判において、この検察の立証責任について弁護側がきちんと陳述、説明すれば、裁判員はその場で判断すべきことが「合理的な疑いを入れない程度まで有罪を（検察官が）証明しているか否か」であることを知る。そして、「疑わしきは被告側の利益に」という原則も理解するだろう。

すでに明らかにしてきたように、現状の裁判では検察側の立証責任のハードルが著しく下げられてしまっている。しかし**裁判員には、検察側の立証責任のハードルを不当に下げる理由はない**。

被告人が警察で自白調書に署名している場合でも、被告人が公判の場で必死に無罪であることを主張すれば、裁判員はその主張が嘘であるかどうかを考えるだろう。被告人による「嘘の自白を強要された」という事情説明もしっかり受け止めるはずだ。**裁判員には自白を偏重しなければならない理由もない**のだ。

とはいえ裁判員には、有罪を示す自白内容と、無罪の主張とのどちらが正しいかの判断は、なかなかつかないかもしれない。となれば裁判員は、それ以外の客観的な証拠により、被告人が有罪であるかどうかを判断することになる。そして客観的な証拠によって、被告人が有罪であるという「合理的な疑いを入れない程度の証明」がなされたと感じたときに、裁判員ははじめて「有罪」と判断することとなる。

一方こうした過程を経た上で、裁判員の多くが「無罪」（有罪かどうかの判断がつかないという場合を含む）と判断した場合には、裁判官が有罪に誘導しようとしても、六人全員がその誘導に乗ることはないのではあるまいか。少なくとも一人や二人は裁判官の誘導に違和感をもち、自己の主張を展開するように思う。となれば裁判官の中には、専門家という立場を前面に押し出し、強引な説得をする者も出てくるだろう。

そのような裁判で、結果が「有罪」に決まったとしても、無罪の心証を持った裁判員の心の中には、裁判官の強引な姿勢を不愉快に思う気持ちが残ることになる。となれば「守秘義務」の規制をかいくぐって、こうした実態を世に知らせようとする人も現れるのではないか。そこには、マスコミ的なニュースバリューが存在するケースもあるはずだ。

結局のところ、遅かれ早かれこうした情報は、徐々に世の知るところになるように思う。こうして、不当きわまる刑事訴訟に風穴があくのではあるまいか。

・真の司法改革への突破口に

さて、こうして人質司法や自白の強要・偏重といった刑事訴訟の恐るべき実態が世の中に知られてくると、いよいよ裁判・検察のデタラメぶり（要するに本書の内容）が明らかになってくる。最高裁もこうした動きを押しとどめることはできないように思う。まさに**パンドラの箱が開けられる**のである。

となれば、裁判員制度を上回る本来の司法改革が俎上に上ってこよう。すなわち、先に述べた陪審制である。さらに法曹一元化も大きな話題となろう。

とはいえ、本書のテーマである行政訴訟の変革は、おそらく最後まで強い抵抗を受けるのではあるまいか（本来は**行政訴訟こそ、最も裁判員裁判にふさわしい**のであるが）。しかし刑事訴訟の実態が明らかになるころには、行政訴訟の不当性にも国民の理解が及んでくるはずだ。したがって将来的には行政訴訟も変革を迫られ、何らかの形で改革の対象となるであろう。

そうなったときにはじめて、わが国に妥当な行政が確保される。この国に大きな変化が訪れるのである。

筆者は、裁判員制度は本来の司法改革の（徐々にではあるが最終的には）起爆剤になるものと期待している。**胸の高まる思いを禁じ得ない**のだ。刑事訴訟改革に情熱を傾けてきた弁護士らからは、「甘い」と批判されるではあろうが。

・裁判員になられる方へ

最後に、裁判員になられる方にお願いしたい。

まずは、裁判官に位負けしないようにしていただきたい。裁判員裁判で判断を求められる内容には、専門的な法律知識は不要であるはずだ。法律知識が必要な場合には、裁判官から分かりやすい説明が行われなければならないのだ。

もしその説明が分からなかったら、「理解できないからもっと分かりやすく説明してほしい」とはっきり言ってほしい。その際には「分からないのは自分の知識や理解力が不足しているせいだ」などと考えてはならない。この制度は、それらが不足していることを前提に作られている。理解できないのは裁判官の説明が悪いからなのである。

日本裁判官ネットワーク所属で裁判員制度の賛成派でもある伊東武是判事（つまり現役裁判官）は次のように述べている（前出の『司法崩壊』による）。

「裁判員が法廷で一回限りの証言の真偽を判断するのは十分可能です。裁判官と差があるとは思えません。被告人や証人の表情、言葉の強弱、仕種、供述態度全体をみて判断する力は、私はむしろ若い裁判官よりも人間をよく見ているベテランの一般市民のほうが優れていると思います。事実認定ができないというのは杞憂です。」

「（裁判員は）極端な偏見さえなければ、政治的意見が右であろうと左であろうと構いません。学歴も経済力も関係ありません。多彩な経歴の人に集まって頂いて、各々の常識的な感覚で判断して、意見を言ってくれればいいのです。そこにこそ、裁判員制度の意義があるのだと信じています。」

さて何より裁判員にお願いしたいのは、プライバシーに無関係な部分に関しては、裁判員の経験談を話していただきたい、ということだ。とにかく世の中の裁判への関心を高めたいのである。そうなれば裁判所は妙なことができなくなる。

世の中が裁判員にも興味を示せば、従来の刑事もの弁護士ものと同じように、裁判員もテレビドラマや小説の題材に取り上げられよう。こうしてより多くの関心が裁判に向けられる。そんな動きが裁判や刑事訴訟、ひいては行政訴訟をも変えていくのである。

むろん筆者は、裁判員に当選するのを宝くじ気分で心待ちにしている。もっとも、当選してもこの本の著者であることが分かれば、「不公平な裁判をする恐れ」があるとして拒否されるであろうが……。

付録　「中間省略登記」裁判の記録

　平成十七年に従来まで何の問題もなく行われていた「中間省略登記」が、法務省により突然禁止され、筆者はその禁止を不当と東京地裁に訴えた。この争いは、平成二十年の上告棄却により敗訴が確定したが、その結論は、民法の規定や最高裁の従来の判例を完全に無視している。さらに支離滅裂な一、二審の判決内容や論破され反論不能に陥った国側（法務省）の対応など、この裁判は典型的な「行政訴訟」ぶりを示している。この裁判の詳細記録を、資料的な価値も考慮して以下に掲載する。

はじめに

平成十七年三月の不動産登記法の改正をきっかけとして、従来まで何の問題もなく行われていた中間省略登記ができなくなってしまった。所管する法務省は、中間省略登記を含め改正法は旧法と実質的な相違は全くないと明言していたにもかかわらずである。

しかし民法や不動産登記法の規定には、中間省略登記を禁止する明文規定は一切存在しない。さらに、「中間者を含めた関係する三者が合意している限り中間省略登記は認められる」という大審院・最高裁の判例が確立している。最高裁調査官による判例解説や主な学説も同様である。したがって本来このような役所の運用による「禁止」は、法治国家としてあってはならないはずである。

そこで筆者は、中間省略登記を申請しその却下処分を受けて、平成十八年六月にこれを不服とする裁判を東京地裁に提起した。しかしこの争いは、二十年九月の最高裁の上告棄却通知により、最終的に敗訴が確定した。

本稿は、この裁判の経緯の紹介を兼ねる形で、中間省略登記の是非論がどのように戦わされた（はっきりいえば法務省の主張がいかに不当であるか、さらには裁判所がいかに不公平な裁判を行うか）を示そうとしたものである。

第一章　裁判に至るまでの経緯

1　問題の発端

中間省略登記とは、売買等により不動産の所有権をAからBに移した際に、このBへの所有権移転を登記しないケースで生じうる。つまりその後Bがこの所有権をCに移転した場合に、Cへ登記を移すに際して、中間者であるBを経由しないまま直接AからCに移すことが多い。この登記の方法を中間省略登記という。中間省略登記を行う主な理由は、Bへの登記により課される高額な登録免許税の節約である。

中間省略登記は法的に何の問題もなく、実務上においても当然に行われていた。とはいえ法務省は、従来から中間省略登記は認めないとしていた。理由は次のとおりだ。

登記所に提出する登記原因証書には、登記義務者（従来までの登記名義人）と登記権利者（通常は買主）の名を記載する。上記の中間省略登記の例でいえば、登記義務者がAで登記権利者がCである。また登記原因証書には登記原因及びその日付の記載を要する。この場合における登記原因はあくまでB・C間での売買となるが、中間省略登記ではAからCへの登記の移転を申請している。つまりこの点が矛盾（後述のとおり、実際には矛盾にはならない）となるのであり、法務局（登記所）としてはそのような登記申請は受理できない、というわけなのである。

ただし従来までの登記実務ではいわゆる「副本申請」という形の登記申請が行われており、その場合には、こうした当事者の権利関係を明示する必要がなかった。したがって、登記所とすれば「それが中間省略登記であるかどうか分からない」ということで、全ての申請を受理していた。つまり、現実に中間省略による登記が可能であることから、それまでは法務省の言い分を問題にする必要はなかったわけである。

ところが登記所のオンライン化をきっかけとする不動産登記

法の全面改正に際して、法務省は登記申請書類として新たに定めた「登記原因証明情報」に、当事者の権利関係の明示を求めた。となれば、法務省のいう先の「矛盾」が表面化する。これにより登記所は、中間省略登記申請を受理しない（つまり「禁止」）こととしたのである。

この方針変更に関して法務省はこういう。「不動産登記法を全面改正したが、中間省略登記を含め規定の実質的内容は何ら変わっていない」。したがって中間省略登記への対応に関しても、法務省は「従来どおり」と述べるのみで、多くを語ろうとはしなかった。

2　争いへ

こうした法的根拠のない「禁止」には納得できない。法務省のいう先の「矛盾」は、こじつけに過ぎないのだ。そこで裁判でこれを争うべく、筆者は早速Cの立場で小さな不動産を購入（都合により法人名義）した。

そして売主Aの了解を得た上で、親しい不動産事業者のBを間に入れる。そして筆者はBからこれを買うという契約を結ぶわけだ。つまり具体的には、次のようなふたつの契約を締結した。

・平成十七年七月十二日付けで、本物件につきAからBに対する売買
・同年同月十三日付けで、本物件につきBからCに対する売買

そこでABCの三者の連署により、こうした経緯を記載した登記原因証明情報等を作成の上、この中間省略登記申請を平成十七年七月十三日に東京法務局城北出張所に行った。しかし同出張所からは、八月一日付けでこれを却下する旨の決定がなされた。

これに対して当方は、この却下処分を不服として八月十一日付けで東京法務局へ審査請求を行った。そして少なからぬやりとりの結果十二月二十日付けで出された棄却裁決は、次のように結論づけている。

「（前記の通り）不動産登記制度は、物権変動の過程と態様を忠実に登記記録に反映させることを原則とする制度であるから、本件登記申請は、そもそも制度の趣旨に反した申請である上に、申請情報の内容と登記原因証明情報の内容とが合致しない申請であって、申請情報に誤りがあると判断されるから、受理することができない」。

すなわち裁決が本件登記申請を受理しないとした理由は次の二点であり、当方の狙いどおりの、中間省略登記を理由とする棄却決定である。

ⅰ　本件登記申請が制度の趣旨に反した中間省略登記の申請であること。
ⅱ　両書面の内容が合致していないことにより、申請情報に誤りがあると判断されること。

この裁決には、「不動産登記制度は、権利に関する登記については、だれが現在の所有者なのかという、いわば「静的な権利関係」を公示するだけではなく、だれからだれに物権が移転したのかという過程並びにその態様である原因及びその日付等「動的な権利の変動」の状態をも公示すべきとする制度であり」とし、これを中間省略登記は許されないことの根拠としている

（これはいわゆる「香川説」に立脚しているといってよい）。しかし民法の条文を普通に読めば、到底そのようには理解できない。そこで筆者はこの裁決を不服として、平成十八年六月九日付けで東京地裁に訴えを提起したわけである。

第二章　一審での主張

中間省略登記につき東京地裁でどのような主張の応酬がなされていたかを、主として当方（原告）の主張を中心に簡単に説明したい。

1　中間省略登記禁止の法的根拠

（1）法的根拠なし

不動産登記に関する根幹の法規である民法第一七七条はこう定めている。「不動産に関する物権の得喪及び変更は、不動産登記法その他の登記に関する法律の定めるところに従いその登記をしなければ、第三者に対抗することができない」。

みてお分かりのように、この規定をどう読んでも、裁決のいうような「動的な権利の変動を登記せよ（物権の得喪・変更を登記せよ）」という論旨を導くことはできない。この規定は、単に「登記すれば第三者への対抗要件が付与される」ことを述べているのみである。つまり、「その権利を登記するかどうかは権利者の自由」と解するより他ない。そして現実にも、従来からそのように理解されてきている。

もとより物権変動に関して「意思主義」を採用するわが国の法制においては、登記は単なる対抗要件に過ぎない。したがって民法上において、「意思主義」により正当に不動産の所有権を取得した者が、その所有権の第三者への対抗力を得ようと思えば登記を申請するであろうし、そこまでは不要と思えば所有権の登記をする必要がない。

こうした民法の規定を踏まえて、不動産登記法はその第三条も示すとおり所有権を登記するかどうかを所有権者の意志に委ねた形となっている。したがって、中間者のBに登記を強制することは大元の民法の規定からできないのである。

（2）「法律による行政の原理」

そもそも行政法には、「行政機関は、法律の根拠に基づかないまま、国民の権利を制限してはならない」とする、「法律による行政の原理」という大原則がある。そこで、いわば数珠つなぎ状に連続した登記（以下を、数珠つなぎ登記という）を強要する被告法務省に対して、この大原則を踏まえた上での中間省略登記を禁止する法的根拠を示すべく要請した。

これに対して法務省は、各種の学説を引用する等の長い反論書面を書いてきた。しかし論旨のすべては、「数珠つなぎ登記が〝必要である〟、〝なされるべき〟、〝望ましい〟、〝理想である〟、〝求められる〟」といういわば「すべき論」に過ぎない。いうまでもなく、どれほど「すべきである」という主張が集まっても、それによってそれが「しなければならない」に転化することはない。

結局のところ一審被告は「禁止」の法的根拠を示すことができなかった。よってこの「法律による行政の原理違反」の点だけでも、法務省は敗訴とならなければならないのである。

（3）制度の趣旨

一方、法に「登記するかどうかは自由」と定められているからといって、「どのような場合にも中間省略登記が許される」かどうかは、全くの別問題である。本来の法の趣旨や目的から著しく逸脱するような場合には、これが許されないと解釈される余地もあろう。

不動産登記法第一条は、「国民の権利の保全を図り、もって取引の安全と円滑に資する」と規定している。この条文が示すとおり不動産登記法の規定は、「取引の安全」(以下これを「制度の趣旨」という)が図られるような解釈がなされるべきである。

したがって当然ながら、原告は「中間省略登記はすべて許される」などと考えているのではない。本件においては、三者全員が中間省略登記を行うことを合意し、登記申請書類も三者で作成している。よって「この登記申請に関しては、「制度の趣旨」をほとんど逸脱していないのであるから、明文規定の存在を無視してまでこの中間省略登記の申請を却下するは不当・違法」と主張しているのである。

2 権原調査の必要性

ところで被告法務省が示した「(数珠つなぎ登記の)すべき論」の根拠は次のようなものであった。

「わが国の登記の効力は対抗要件に過ぎないのであるから、現登記名義人と取引をしようとする者は、過去の権利変動の有効性を確認する(権原調査)する必要がある。この権原調査のためには数珠つなぎ登記がなされていなければならない」。そして中間省略を禁止しようとする根拠は、事実上この一点のみとなっている。

確かに「権原調査のためには数珠つなぎ登記が必要」という理屈は分からないわけではない。しかし法務省が本当にそう考えるのであれば、中間省略登記の禁止を法で定めればよいのではあるまいか。事実、法務省は先に不動産登記法を全面改正している。何故その時に「禁止」を定めなかったのか(むろんそれは、民法との整合性の観点から不可能となろう)。

繰り返すがA→Bにおける Bは、取得した権利を登記してもしなくても自由である。この「自由」は法務省も承知している。そこで原告は、(主に権原調査必要論に対する)「論理的側面」から法務省の矛盾を次のように五点指摘した。

第一に、Bの登記が自由であることにより、登記をしないことを選択したBが、後日これをCに売却しようとする際の登記は中間省略にならざるをえない点だ。この批判に対して被告は、「確かにBは登記しない自由を有するが、Bからの買主であるCに登記させる際には、Bはその権利を登記しなければならない。この登記の義務は先の自由とは別の話である」と再三弁明している。

しかしBがやがて登記しなければならないのであれば、Bに登記をしない自由は存在しない。一体これのどこが「別の話」なのか。

第二に、購入希望者にとって登記における最大の不安事項は、現登記名義人Aがその登記時点では真の権利者であったにせよ、その後に権利変動が生じているかどうかが不明な点にある。既にAがBに売却し、Bがその権利を登記していないといった可能性があるからだ。

つまり法務省のいう直近の登記時点後の「静的な状況」でさえ不明確な中、どうでもいいような過去の「動的な状況」を示してもほとんど意味がないのである。

第三に、その意味から現実にも権原調査などほとんど誰もやっていない。これは多くの司法書士が口をそろえて言う。さらには権原調査の結果、権利関係が覆ったという話は皆無に等しい。この点は、「こうしたトラブル事例があればこれを示せ」と法務省に迫ったが、先方が無回答であったことからも明らかである。

第四に、権原調査は今日、新不動産登記法で提出が義務づけられた登記原因証明情報の閲覧により可能となった。もはや権原調査には中間省略登記の存在は支障とならない。

第五に、法務省は最近「第三者のためにする契約」といったいわゆる「直接移転売買」であるならば、「実体上の権利変動の過程等を正確に登記」したことになるとして、中間省略登記に類似するこの登記を容認した。

しかし後述するとおり、この場合においても中間者のBにおける権利の有効性が否定されたら、後続の権利者の権利は無効になりかねない。したがって権原調査の必要性からこうした登記を容認してはならないはずである（この点は二審で詳しく論じている）。

以上「五点」が示すとおり、被告が「すべき論」（中間省略登記禁止論）の唯一の根拠として提示した権原調査は、単なる口実に過ぎないのである。

3 申請書の「誤り」

（1）申請情報に誤りがあるか

東京法務局の裁決は「申請情報に誤りがある」とし、これを根拠として本件審査請求を棄却している。つまり法務省が以前から口実にしていた、先に述べた「矛盾」の存在である。しかし実際には申請情報に誤りは存在しないのであり、ここでこの点を確認しておく。

裁決は本件三者間の取引について、「AC間では七月十三日に売買された事実がないにもかかわらず、登記権利者をC、登記義務者をA、登記原因を七月十三日売買とする所有権の移転の登記を申請しており、（本件請求は）AB間の売買による物権変動の過程が省略された、いわゆる中間省略登記の申請である」として、この部分に「申請書の誤り」の存在をにじませた記載をしている。

しかし本件登記申請書は、登記権利者をC、登記義務者をAと表示しており、登記原因証明情報との整合性を含めこれらの記載内容には何らの誤りはない。

おそらく裁決は、原因の欄の「平成十七年七月十三日売買」とする記載を問題にしているものと思われる。しかしこの日付は登記権利者の売買の日付を記載したもので、そのこと自体に誤りはない。むろんこれは登記義務者の売買の日付とは合致していないが、この原因欄について、登記義務者の売却の日を記載しなければならないという規定はない（つまり先の法務省の言い分に関していえば、登記原因である売買とは、登記権利者と登記義務者間による売買でなければならないという規定はないのであり、ここには矛盾は存在しない）。したがってこの原因の記載は誤りではないのである。

（2）仮に「誤り」であったとすれば…

さらに仮にこれが誤りであるとしよう。つまり不動産登記法の規定からは、「この登記原因の欄はあくまで登記義務者の売買の日付を記載しなければならない」と判断されるとした場合の、仮の話である。

そうであるとしても、その判断内容によって中間省略登記を排除することは許されない。その理由は、不動産登記法が実体法たる民法第一七七条のいわば委任を受けた手続法であり、しかも適用規定が、登記原因証明情報を定める第六一条という末端規定に過ぎないからである。

すなわち下位規定である不動産登記法は、上位規定の民法の規定を覆すことができない。仮に下位規定が上位規定との整合性を有する解釈ができないのであれば、その下位規定自体が違法の存在といわざるをえない。

まして不動産登記法第六一条といった末端の手続き規定で、法の基本である民法が容認する中間省略登記を否定するなどはできようはずがない。繰り返すが、第六一条等を根拠として中間省略登記が却下されるというのであれば、その第六一条自体が許されない存在となる。下位規定は上位規定に、手続規定は実体規定にそれぞれ合致するように定められていなければならないからである。

結局、被告法務省のいうように「合致していない（さらには「矛盾」あり）」と解釈することは、民法の規定上から許されない。「しっぽが犬を振り回してはならない」のである。

４　判例無視の登記行政

（１）大審院判例

ところで下記の大審院の判決（大正十年四月十二日付）を中心として、判例は中間省略登記を容認している。そこでこの大審院判決の主な部分を示しておく。

「（中間省略の手法による）移転登記をなすも、其登記たるや、不動産に関する現在の真実なる権利状態を公示し、登記の立法上の目的を達するものなるを以て、之を無効なりと謂うを得ず。（これは法令の規定に反していないし、公序良俗にも反していない）。全然有効なるものなることは、従来本院判例の示す所なり（中略）。

（中間省略登記により）甲より丙に直接移転登記をなすも、その中間者たる乙は、上告人の謂うが如く不当に登録税を免るるものと謂う可からず。何となれば、元来所有権の移転は之を登記するにあらざれば第三者に対抗するを得ざるに止まり、法律上必ず登記をなす事を要するものに非ず。その登記を為すと否とは、全く当事者の自由範囲に属するものなればなり（以下略）」。

そしてこの大審院判決はその後も支持されたまま、後述する昭和四十年の最高裁判決を含め、今日に至るまでの判例が積み重ねられてきている。

また主な学説もこうした判例を支持している。これらを受け、ほとんどの法律関係者は、学生時代に教科書や講義により「原則として中間省略登記は問題なし」と学んできているのである。

（２）許されざる法務省の思い上がり

ところが前述のとおり、被告法務省はこうした判例を無視した上で、従来から中間省略登記は許されないものとしてこれを否定していた。法務省は準備書面で「中間省略登記はいわば非合法的な手続により、結果としてなされていたに過ぎない」とさえ主張する。

そこでこのように中間省略登記を否定してきた法務省に対して、訴状でその判例違反ぶりを批判したところ、被告からは「法務省の方針は一貫して判例等に合致している」とする虚偽ともいうべき反論がなされた。

この被告の許されざる反論に対して、原告は法務省自身が判例との不一致ぶりを広言している事実をふたつ示した。そのひとつが、標題を「判決による中間省略登記の可否について」とする、名古屋地方法務局長の照会に対する、昭和三十五年七月十二日付民事甲第一五八〇号法務省民事局長回答における次の解説部分である（もう一つは民事局長の国会答弁内容）。

「いわゆる中間省略登記については、学説、判例は大体において、権利変動の過程における関係人の間に中間省略登記をなすべき旨の特約が存するときには、（中略）中間省略登記を有効なものと解しているようである。一方登記実務においては、（中略）中間省略登記はこれを認めず、申請があった場合には（中略）却下すべきものと解されてきたのである。以上述べた如く中間省略登記（申請）の可否については、判例と実務上の取り扱いが真向から対立しているのであるが…（以下略）」。

ここにおける「判例と実務上の取り扱いが真向から対立している」とする文章から明らかなように、まさに両者は真向から対立している。これが被告法務省の公式見解なのである。

そもそも法律をどう解釈するかは、裁判所の専権事項である。法務省といった行政庁はその判例に従わなければならない。「判例と真っ向から対立する」ような登記実務がどうして許されるのか。

そこで原告はこうした法務省の対応を準備書面で次のように厳しく批判した。「国のしくみの基本である三権分立を無視するという法務省の突出した思い上がり。法務省のこの異様とも思われる発想は、断固として断罪されなければならないのである」。

（3）判決による中間省略登記

その一方で、判決に基づく中間省略登記は許されている。この点の矛盾を追及したところ、法務省は「判決の場合には、中間者に起因して無効等になる可能性は極めて低いから問題ない」という。まるで弁明になっていない。その伝でいうなら、本件のように経緯を付した上で三者連名によって申請し、これを登記所がチェックするのであれば、中間者に起因して無効等になる可能性は皆無といえよう。

なおこれに関連して法務省は、取引当事者間における実体上の登記請求権と登記所への登記申請権は別の存在であるという。その上で登記所は、後者に関して登記制度の趣旨や理念の面で適格性を判断するのであり、登記申請は不動産登記手続上の一定の制限を受ける、などと長々と主張している。

しかしこの「登記制度の趣旨や理念の面からの適格性の判断」なるものが、法規定や判例と無関係に行われるとするのであれば、法治国家が吹き飛んでしまう。論外の主張といわざるをえない。

5　その他

（1）登録免許税は行政サービスの対価

ところで、中間省略登記を否定する人たちからは、「中間省略登記は登録免許税の不当な節税策」とする批判がなされる場合が多い。法務省も準備書面で二度ほどそうした論旨をにじませてきている。そこで原告は、登記を「しない」自由との関連において、この登録免許税に関して以下のようにこれを否定した。

そもそもこの登録免許税は、「不動産の登記を受けることにより第三者に対する対抗力を備え、それにより権利が保護されること等の利益を受けることから、その背後にある担税力に着目して課税されるものである」とされている（大阪地裁昭和五十三年四月十八日判決・訟務月報二四巻八号一六八六ページ）。

これを一言でいえば、国による行政サービスによる対価（国が対抗力を付与することにより受ける利益に対する支払い）といってよい。この対抗力を得たいのであれば、所定の登録免許税を支払いなさい、というわけである。

したがって、身内での売買のようにリスクはないと思えば、あえて高額な登録免許税を支払ってまで対抗力を得る必要はなくなる。つまりこうした登記をするかどうかの判断は、所有権取得者の自由な判断に委ねられている（いわば自己責任）。

つまり中間省略登記を禁止するということは、対抗力の付与という法的サービスを享受しようとしない者、あるいは享受していなかった者に対しても、その対価の支払いを強制しようとするものである。

したがって、この中間省略登記の禁止に名を借りたこの登録免許税の課税・徴収は、租税理論からも説明できない不当な課税となる。さらにはこうした「収奪」は、自由主義における市場経済の観点からもその合理性を認めることができない。

（2）反論不能に陥った法務省

以上の質・量ともに豊富な原告の主張や批判に対して、被告は当初の段階では相応の反論をなしえていた。すなわち答弁書と最初の準備書面までに関しては、分量を含め堂々と原告に反論していたのである。

しかしそれらに対する原告による論理的な再反論・再々反論を受けると、それ以降は「回答不要」と称し、そのほとんどに対して反論をすることをしなくなった。それは原告による二〇を超える求釈明に対する対応もほぼ同様となっている。

一例をあげよう。先の法務省民事局長回答における「判例と真っ向から対立している」とする解説部分への批判に対しては、法務省から次のような反論がなされた。「上記解説部分は、民事局長回答の一部ではなく、同回答を雑誌に掲載するに当たり、編集者において付加したものに過ぎないことは明らかであり、民事局長作成の「公式文書」などではないから、原告の主張は失当である」。

しかし民間企業の一介の編集者が、登記行政の柱となる重要な解説記事を書くなどあり得ない話である。念のためこれをその出版社に確認したところ、「そのようなことはありえない」と一笑に付されてしまった。つまり法務省のこの点の反論の内容は明らかに虚偽なのである。そしてこの点を指摘・批判すると、先方はそれ以降はダンマリ状態に入ってしまう。

とはいえ、当初の段階における豊富な反論や終盤におけるごく一部なされた反論にみられるとおり、一審被告は反論可能な点は反論を行っている。そうであれば、それ以外のほとんどの部分に関しては、完全に論破されてしまったため反論不能に陥ったと解するより他ない。

第三章　一審判決とその批判

平成十九年六月十五日付けの東京地裁判決は、敗訴であった。

1　一審判決の内容

この争点である「本件処分の適法性」に関して、判決は次のように判断した。

「そもそも不動産登記法が、登記申請の際に、登記原因証明情報を提供しなければならないものとし、申請情報が登記原因証明情報と合致しない場合に登記申請を却下しなければならないとした趣旨は、物権変動を公示する制度である登記について、登記申請者に、物権変動の原因行為とこれに基づく物権変動を証明する登記原因証明情報を登記所に提供させ、これが申請情報と異なる場合には申請を却下することによって、登記が公示する物権変動の内容の正確性を確保しようとする趣旨であると解される」。

その上で判決は次の事実を示す。すなわち、本件申請において原告が登記原因証明情報として登記所に提供した所有権移転登記の登記原因を具体的にいえば、「平成十七年七月十二日付のAからBへの売買と、同月十三日付のBからCに対する売買であるということになる」。

さらに判決はいう。「他方で、申請情報に記載されており、それが受理されれば登記の内容として公示されることになる登記原因は、平成十七年七月十三日付のAからCに対する売買であることから、申請情報と登記原因証明情報に記載されている登記原因が異なることは明らかである」。

以上の判断を踏まえ、判決は最終的に次のように結論付ける。

「したがって、本件申請において、申請情報の登記原因と登記原因証明情報の登記原因は合致しないのであるから、法二五条八号に基づき本件申請を却下した行政庁の処分は適法であるということができる」。

2　一審判決批判

以上のとおり判決は、「本件処分の適法性」に関して、本来の争点である中間省略登記の是非について何ら考慮することなく、最終判断を下している。それはこの判断を行った判決の中心部分に、「中間省略登記」の語句が一切使用されていないことに象徴的に表れていた。

先の「申請情報に誤りなし」の項で述べたように、登記原因証明情報への記載は法的に何の問題もないという点は、既に十分に主張・立証済みであった。これに対して被告は反論できなかったのである。

しかし一審判決は、いわば解決済みというべきこの「申請情報に不一致なし」の点に関して、強引に「申請情報に不一致あり」と結論づけた。これにより法務省を勝訴させたのだ。逆にいえば、そうでもしなければ被告勝訴の判決文が書けなかったわけである。

とはいえ判決をよく見ると「登記が公示する物権変動の内容の正確性を確保しようとするために、（新たに）登記原因証明情報の提供を定めた」のであり、法がそのように一層の正確性の確保を定めた以上は、「申請情報に不一致あり」と解すべきである、と判示しているようにも思える。

しかし法が登記の正確性を求めているのは当然のことであ

る。正確性をいうのであれば、「果たして不動産登記には、中間省略登記を許さないレベルまでの正確性が求められているのかどうか」を判断しなければならない。

しかしこの点に関して何ら言及しないまま本件請求を棄却した。いわば「初めに結論ありき」としか思えない。

また判決は、不動産登記法の今般の改正は「登記の正確性を高めるためのもの」であるとし、それを判決の根拠としている。しかし「登記研究」誌掲載の法務省の清水響民事局参事官の論文によれば、「(登記原因証明情報等の定めは)現行制度以上に登記の正確性を後退させるべきではない」とする趣旨で定めたと明言している。したがって判決が「申請情報に不一致あり」に結論づける口実とした「新法は正確性を高めるための改正」とする認識も誤りなのである。

第四章　控訴審での争い

当方は、上記のような無内容というべき判決への批判を含め、従来の経緯を踏まえた豊富な主張を記載した控訴理由書を東京高裁へ提出した。

1　答弁書

(1) 答弁書の内容

控訴審における被控訴人法務省の対応は、わずか一ページの答弁書と、数ページの準備書面を一度提出しただけであった。ここでは答弁書の記載内容を引用することにより、法務省の主張ぶりを示しておく。

法務省はこういう。『控訴人は、「権限調査は今日、新登記法で提出が義務づけられた登記原因証明情報の閲覧により可能となった。もはや権限調査には中間省略登記の存在は支障とならない」と主張する。(中略) しかしながら、登記原因証明情報の保存期間は受付の日から一〇年間であり(不動産登記規則二八条九号)、保存期間経過後は破棄され、登記原因証明情報を閲覧することができなくなる。また(中略)取引に入る者に登記原因証明情報の閲覧という新たなコストを負わせることになってしまい、不動産登記制度の公示機能を低下させることになる。したがって、控訴人の上記主張は失当である』。

(2) 答弁書批判

この反論は無内容きわまる。「一〇年を過ぎると破棄されてしまうから閲覧は不能となる」などというが、破棄しているのは法務省自身であり、保存期間を一〇年と短くしているのも法務省が作った規則である。権限調査が重要というのであれば、自身でこの期間を長くすればいいだけのことに過ぎない。

実はこの登記原因証明情報の保存期間に関しては、参議院によって、次の点等につき「特段の配慮をすべきである」旨の附帯決議がなされている(平成十六年六月十一日付)。すなわち「公示制度の信頼性を確保し、不動産取引の安全を図るため、登記原因証明情報の内容の長期保存をすることができるよう適切な措置を検討すること」である。

したがってこの「一〇年で廃棄するから閲覧は不可」などという反論は、国民の代表者による国会の附帯決議を無視することにより初めてなされる暴論なのである。ましてや、数十万円の登録免許税を収奪しようとする一方で、五〇〇~一〇〇〇円の閲覧料のコストを心配するなどお話にならない。

いずれにしても、法務省が答弁書で行った反論はこれのみ。質・量ともに、あまりに低次元というより他ない。

2　中間省略登記の代替手段

ところで法務省は、平成十九年一月十二日付の通知で「第三者のためにする契約」といった、いわゆる「直接移転売買」に関して、いわば「中間省略登記の代替手段」(以下、単に「代替手段」という)となる登記を容認した。これは一見すると、所有権がA→B→Cと移っているようにみえるが、中間者であるBがAとの間で、第三者であるCのためにAの所有権をBを経由せず直接Cへ移転させる契約を締結するものをいう(余談だが、このような「代替手段」が生み出されたきっかけは、この中間省略登記裁判である)。

法務省は、このような契約であれば中間者のBの登記を省略しても、それはA→C間は「実体上の権利変動の過程等を正確に登記」したことになるとして、この登記方法を容認したのである。つまり中間省略登記とこの「代替手段」が異なる点は、唯一「中間者Bが一時的に所有権を取得するか、Bを経由せず所有権がAからCに直接移転するか」の違いである。

しかし「代替手段」を採用した場合においても、中間者Bの行為が何らかの事情で無効になった場合には、この三者間の取引やそれ以降の時点でなされた諸取引はすべて無効になってしまう。こうした事情は、中間省略登記がなされた場合と何ら変わることがない。

したがって法務省流にいえば、「代替手段」も中間省略登記と同様に権原調査ができないことになる。にもかかわらず「代替手段」のみを容認するという法務省の論理は完全に破綻している。そこでこの矛盾に関して、二審において法務省に対して徹底的に批判した。しかし法務省からは何らの弁明・反論はなされていない。

3　法務省による「禁止」の法的根拠

(1)法務省による民法の歪曲

一審での争いを通じて、原告の度重なる「中間省略登記を禁止するについての法的根拠を示せ」との要請に対して、法務省は一切答えることをしなかった。

ところが、平成十九年七月二十四日に開催された日本不動産学会が主催する「代替手段」に関するセミナーの場での、村松秀樹 法務省民事局民事二課民事局付の講演内容から、以下のような驚くべき内容の回答を耳にすることとなった。住宅新報紙は同氏の発言を次のように伝えている。

「民法第一七七条では、不動産の物件の得喪変更については、不動産登記法の定めるところに従って登記をするように定められている。素直に読むと、物権変動の過程・内容をそのまま登記し、それを第三者に対抗させるということになる。こうした考え方に基づいて、旧法時代から不動産登記法の解釈としては、法令の規定に定められる場合や確定判決による場合以外は、中間省略登記は認めてこなかった。」

なんと民法第一七七条を「素直に読むと」、ここには「物権変動の過程・内容をそのまま登記し、それを第三者に対抗させる」と定めてあるという。そして「こうした考えに基づいて」中間省略登記を禁止してきたというのである。

つまり村松民事局付は、民法のこの規定を「物権変動の過程・内容は、そのまま登記しなければならない」と理解している。その後に続く「それを第三者に対抗させる」や、「こうした考え方に基づいて（中略）中間省略登記を認めてこなかった」といった文脈からは、こう解釈するより他ない。

しかしいうまでもなく、民法はあくまで「登記するかどうかは任意であるが、この物権の得喪を登記した場合には、第三者に対する対抗力を付与する」と規定されているに過ぎない。したがって村松民事局付のいう「物権変動の過程・内容をそのまま登記し、それを第三者に対抗させる」は、まさしくに民法の歪曲である。

さらに「こうした考えに基づいて（中間省略登記を禁止してきた）」と明言している以上は、中間省略登記禁止の根拠規定を、不動産登記法ではなくこの民法第一七七条の規定においていることが分かる。この点は、一審判決が民法の規定に何ら触れないまま、法改正内容のみに禁止の根拠を求めている点と大きく相違している。

確認しておくが、村松民事局付が講演した場は公式の場といってよい。こうした中での村松民事局付の発言内容は、法務省の正式見解であると解さざるを得ない。事実、法務省は当方からのこうした強い批判に対して、「これは村松民事局付の個人的見解である」といった、この発言内容を否定する主張はなされていない。

（2）法務省の準備書面の主張

さらに被控訴人法務省は、最後となる平成十九年十一月八日付の準備書面において、ついに「中間省略登記を禁止することの法的根拠」に関して明言した。登記の「すべき論」を十分論じた後に記載された内容を、そのまま以下に引用する。

『民法及び不動産登記法に従えば、権利の得喪及び変更の過程・態様を正確に登記に反映すべきことは当然のことであり、したがって、登記の申請をする以上は、権利の得喪及び変更の過程・態様を正確に反映した内容の申請を行わなければならないこととなることは、準備書面で述べたとおりであり、いわゆる中間省略登記は認められないとする不動産登記実務の取扱には「法的根拠」が存するものであって、控訴人が主張するように、法律による行政の原理に合致していない取扱いであるとか、登記官が法律の根拠のない裁量・判断によって行っているものなどでは断じてない』。

以上の主張を一言でいうと、「登記に反映すべきことは当然のこと」であるから「正確な内容の申請を行わなければならない」となる。結局のところ法務省のいう「禁止」根拠は、「するべきでないから、してはならない」である。そして何とこれがその「法的根拠」だというのである。このような思わず赤面してしまうようなことを、この国の法の元締めである法務省が言うのである。

しかし何度も繰り返すが、「するべきではない」と「してはならない」とは天と地の差がある。たとえば環境省が「今日の地球環境を考えれば、不要不急のマイカーは運転するべきではない」を理由に、「よって、不要不急のマイカーの運転を禁止する」などとして、法律の根拠なしに警察とともに取り締まりに乗り出したらどんなものであろうか。このようなことを許さないために、行政法の根本原則として「法律による行政の原理」

が存在するのである。

（3）結審にあたり

高裁の結審は十九年十一月八日に宣せられた。当方はその場で「すると判決日は年内か」などと考えていたところ、その直後に裁判長から要旨を次のようなものとする発言があった。「この争いは、二審の判決がどうなるにせよ、間違いなく最高裁に上告される事案であると思われる。したがって当審としては最高裁の審理に耐えられるような判決文とするべく、判決言い渡し日は来年の三月下旬とする」。

当方はこの真摯な発言に大いに期待したものである。しかし次に述べるように、高裁判決もやはり「はじめに結論ありき」ともいうべき残念な結果となってしまった。

4　高裁判決及びその批判

平成二十年三月二十七日になされた高裁判決は敗訴であった。以下にその内容のポイントを紹介する。

（1）不当な「文言挿入」

原判決はまず、不動産登記法や同令の規定をるる引用する。その上で「不動産登記法および不動産登記令の上記の各規定の文言及び趣旨にかんがみれば、上記法令は、権利に関する登記については、申請情報に係る登記義務者と登記権利者の間の「登記原因及びその日付」を登記事項とし」などと述べていく。

しかし、不動産登記法第五九条第三号が定める「登記原因及びその日付」という規定の前には、判決がいうような「申請情報に係る登記義務者と登記権利者の間の」などという語句はない。すなわち原判決は、この規定に「申請情報に係る登記義務者と登記権利者の間の」という文言を、さりげなく挿入した（以下これを「文言挿入」という）。要するに、法律の条文を勝手に作り上げたのである。

そしてこれにより「登記原因及びその日付」は登記義務者と登記権利者の間のものでなければならないと決めつけ、その後の「中間省略登記は許されない」という結論を導いていくのである。

確かに法に「挿入文言」が定めてあれば、中間省略登記はすることができないということになろう。がしかしこの規定には、単に「登記原因及びその日付」としか記載されていない。裁判官が勝手に法律を作っていいのであれば、判決は何とでもいえてしまう。

逆に「挿入文言」がない以上は、不動産登記法の規定からは、「登記原因及びその日付」に関しては、「それが申請情報に係る登記義務者と登記権利者の間のものである必要はない」と解釈すべきこととなる。そして大元の民法の規定との整合性から、当然にそう解釈しなければならないのである。

以上のとおり、根拠を示さないまま法の規定に「文言挿入」を行った上で法の解釈を行う。このような恣意的かつ不当な高裁判決は到底許されるものではない。

（2）四〇年最高裁・大審院判決について

つぎに高裁判決は、大審院判決等では「中間省略登記は問題なし」で確定しているという点に関して、これを次のように否定していく。

まず昭和四十年の最高裁判決に関しては、「本件とは事案を異にしており適切ではないといわざるを得ない」と結論づける。

この判断は極めて不合理なのであるが、四〇年最高裁判決に関しては紙面の都合で省略させていただく。

その一方で高裁判決は「もっとも、判例は、旧法下において、大審院以来、一定の要件の下に本件におけるような中間省略登記を認めていると理解されてきたことは否めない」と述べる。その上で先に紹介している大正十年の大審院判決につき、次のように中間省略登記を否定していった。

「しかしながら、上記のように理解されることとなった判例の説示は、(中略) 甲乙丙と順次に所有権が移転したのに登記名義は依然として甲にあり、中間省略登記をするについて登記名義人及び中間者の同意がある場合において、上記の同意をした登記名義人ないし中間者が丙が提起した訴訟の当事者とされるときには、上記同意の法的効果として丙の登記請求に協力するべき債務を負担するという当然のことを前提とするものであって、登記所に上記のような中間省略登記の申請があった場合に、上記同意があることを理由に、登記官に中間省略登記の申請どおりの登記をする義務を負担させる趣旨のものでないことは明らかである」。

(3) 大審院に関しての判決批判

しかし大審院判決は、単にそのようなあまりに当たり前の判示だけを行ったわけではない。この判決は、上告審における次のような上告人の堂々たる中間省略登記禁止論を踏まえてのものであった。

「(現行の登記・登録等に関する) 制度を設けたる精神は、独り現在の真実なる権利状態、すなわち静的状況を公示するのみ以て尽くるものにあらず。併せて権利の得喪変更等の経路、すなわち動的状態をもまた明らかにしてこれを公示する旨趣なること疑いなかるべく、また之のごとき (中間者を省略した) 契約を有効なりとすることが、不動産登記制度の旨趣を没却するものなることは (明らかである)」。

「故にその当然の帰結として、我が登記制度は権利の移転に付いて之をいえば、登記簿上単にその権利の帰属者が真実に符合することを要するのみならず、その帰属するに至りたる登記簿上の原因もまた真実に符合することを要するものと言わざるべからず」。

なんとこの上告人の主張は、伝統的な法務省の主張そのものといってよい。

そして大審院は、こうした上告人の主張内容を十分理解した上で、これを全面的に否定した。先に引用した「元来所有権の移転は之を登記するにあらざれば第三者に対抗するを得ざるに止まり、法律上必ず登記をなす事を要するものに非ず。その登記を為すと否とは、全く当事者の自由範囲に属するものなれば なり」等の判旨は、上記の上告人の深い識見に基づく高次の主張に対するものだったのである。したがって大審院での争点を過小評価した上での高裁判決は失当である。

また上記のとおり、この上告人の主張内容が法務省の主張等と同じともいうべきものとなっている以上、法務省の主張等は既にこの大審院判決で明快に否定されているに等しい。そして最高裁等においては、昭和四十年最判を含め今日に至るまで、この大審院判決の判旨が積み重ねられてきているのである。

第五章　最高裁の対応と司法の崩壊

1　最高裁への上告

上記東京高裁判決に対して、当方はこれを不服として平成二十年六月三日付で、最高裁に一世一代ともいうべき上告受理申立理由書を提出した。詳細は省くが、内容は上記の二審判決への詳細な批判である。ただしそこには以下の点を付け加えた。

『裁判所の公式的見解といった意味で、最高裁の調査官が作成する最高裁判所判例解説（以下「判例解説」という）は大きな権威を有している。そこで四十年最判に関して述べられた「判例解説」（瀬戸正二民事篇昭和四十年度三七二ページ以降）の中間省略登記に関す結論部分を簡単に紹介する。

「中間省略登記を請求できるのは、登記名義人および中間者の同意のある場合に限られる、というのが、通説であり、大審院の確定した判例であった。（中略）本判決は、この確定判例を踏襲しただけのことであって、別段あらたなことを判示しているわけではない（三七四ページ）」。

「（その一方中間者の同意のない場合でもこれを認めるという考え方もあるが）しかし、（中略）登記名義人・中間者の同意ある場合にのみ中間省略登記請求を認めるという通説・判例の結論が無難であろう（三七六ページ）」。

以上のとおり、今日の司法において最も権威を付された最高裁調査官の作成した判例解説が、「登記名義人および中間者の同意のある場合には中間省略登記は許されるということは、四十年最判を含め大審院・最高裁の確定した判例である」と明言しているのである。』

2　上告棄却

しかしこの上告も、平成二十年九月十九日付けのいわゆる「三行半」の棄却決定で、実質的に門前払いとなる（○ページ図表参照）。これによりに当方の敗訴が確定したわけだ。

しかし上告不受理の理由とされた民事訴訟法三一八条一項の規定には、「最高裁判例と相反する判断がある事件その他（中略）について（中略）上告審として事件を受理することができる」。と規定されている。つまり本件のように明らかに最高裁判例に違反する事件であれば、最高裁は当然にこれを受理しなければならないはずである。

結局、最高裁も法規定を無視して逃げてしまったとしかいいようがない。これが今日の司法の実態なのである。

もっとも、高裁裁判官の先の発言等から考えて、最高裁の勝訴の目はなかったというべきであろう。すなわち高裁裁判官は、四～五カ月もの長期の判決検討期間を設定している。しかし考えられる論点は裁判で議論し尽くされているはずだ。このような民法の根幹規定に関して、それ以外の研究課題があるとも思えない。

となれば次のように推測が成り立つ。すなわち高裁の結審時点において、おそらく最高裁は中間省略登記についての対応を決めかねていたのではあるまいか。そうであれば高裁裁判官は、その対応を決めるべく最高裁に相談・督促する必要がある。むろん高裁裁判官としては、最高裁の意向と無関係の判決を出してしまえば、自身の人事考課に大きな悪影響を与えてしまう。したがってこれらの作業に期間を要するために、判決言い渡しの時期をずらしたと考えるのである。

そうであるならば、高裁判決は最高裁の意向を踏まえたものとなっていよう。したがってこの高裁判決は実質的に最高裁判決と考えなければならない。最高裁の上告棄却は予想されていたことなのである。

3　司法の崩壊

以上のとおり、中間省略登記の禁止は最終的に司法によって容認された。しかし以下に述べるとおり、この「禁止」は誰がどう考えても許されるものではない。

①「禁止」は民法の大原則規定（第一七七条）に違背する。
②「禁止」には法的根拠はどこにも存在しない。
③最高裁・大審院判決で「問題なし」が確定していた。
④最高の権威を有する最高裁調査官作成の直近の「判例解説」も、「問題なし」を明言している。
⑤法務省のいう「禁止」の理由・趣旨は、ほとんど根拠のないものに過ぎない。
⑥主な学説はもちろん一般社会も「問題なし」と認識し、従来まで何の問題もなくこれが平穏に実施されていた。

こうした中における異例の中間省略登記の禁止。これがなされた背景事情を独自に推測してみたい。

上記のように到底「禁止」できようはずがないにもかかわらず、不動産登記法の形式的な改正を機に、法務省の一部から「禁止」という突出した主張がなされた。そして法務省は、組織としてこれを抑えることができなかった。おそらく配下の司法書士会に中間省略登記の要請を拒絶させること等により、「既成事実を作ってしまえば何とかなる」などと思ったのではあるまいか。

どうやら役所は、国民の権利を制限・規制をすることが本来の仕事だと考えているようだ。だから中間省略登記を禁止することは役所の本分であり、これにより登記所という役所の威厳を高めようとしたのであろう。さらに「禁止」をすれば巨額な登録免許税収入が得られる。そうすれば財務省に大きな貸しができる。「禁止」の狙いはこの辺りであったろう。

またこの首謀者は、「禁止」しても誰も裁判など起こしてこないだろうと、高をくっていたように思われる。だから最高裁等への事前の根回しもなされていなかったようだ。原告への反論のあまりのお粗末ぶり、さらには先の高裁裁判官のうろたえぶり等がその根拠である。

しかしそれにしても、一審、二審の判決内容や最高裁の逃げの姿勢はあまりにひどい。全く司法の体をなしていない。これは民法の根幹の規定に関する争いである。いくら身内の法務省が被告であるとはいえ、合理的な理由がないまま民法の根幹規定を無視し、また最高裁判決の判例変更を行い、さらには最高裁調査官の見解に違背する。そしてこれを抑えるべき最高裁自体がこれらを全て容認してしまったのである。

まさに司法の崩壊。もはやわが国は、法治国家の看板を下ろさなければならない。

あとがき

本書をほぼ書き上げた平成二十一年六月二十五日、警察庁は全国の警察本部に驚くべき内容を通達した。この四月に下された最高裁の痴漢無罪判決を受け、痴漢事件の捜査手法の見直しを指示したのだ。

主な見直し内容は次のとおり。

・DNA型や繊維片等の客観的証拠の収集に努めること。
・被害者の供述の変遷や矛盾といった不自然な部分を吟味する。
・容疑者の逮捕や拘留は、その必要性を吟味する。
・さらには、目撃者への協力呼びかけの車内放送を、鉄道会社に要請する。

確かに内容は当たり前のことばかりだ。しかし従来は、この「当たり前」をまったく行わず、ひたすら「自白」を強要していた。捜査の手抜きにより、冤罪を大量生産していたのである。しかしこの方針の大転換により、痴漢事件に関する限り冤罪は激減するはずだ。めでたい限りである。

実はこの方針転換は、本書のテーマの縮図といってよい。

この通達は、長年の警察の悪弊である「自白の強要」や「人質司法」の放棄を求めているものだ。確かに通達の対象は痴漢事件のみとなっている。しかしうまくすれば、他の事件への波及効果も多少は期待できるかもしれない。いずれにしても、この発想の転換は革命的といっていいのではあるまいか。

何よりこの革命的転換は、最高裁の判決によりもたらされたものだ。つまり最高裁が、先の無罪判決により痴漢冤罪の「ブレーキ役」を担ったのだ。その結果、警察・検察はまともな捜査をやるよりほかなくなった。つまり長年にわたる警察・検察の悪弊は、裁判所が警察・検察のいいなりになっていたことが原因だったのである。

「いや警察の長年の捜査手法が、一片の通達で変わるはずがない。これは単なる体裁づくりに決まっている」という考えもあるかもしれない。

しかしそれは違う。痴漢事件を「自白の強要」によって起訴しても、今後は最高裁の意向を受けた「ヒラメ判決」で、その大半が無罪となってしまう。つまり裁判所の対応が変わった以上は、通達が出るかどうかにかかわらず、警察は捜査手法を根本的に変えざるをえない。要するに、すべては裁判所しだいなのである。

では、裁判所はなぜ対応を変えたのか。それは裁判員制度への適応のために、発想の転換を余儀なくされたからではあるまいか。

裁判員裁判には、間違いなく市民目線が導入される。世の中は、裁判員制度のスタートもあって、司法全般に強い関心が集まっている。こうした中、裁判所は「警察のいいなり司法」の継続は困難であることを悟り始めたのである。

しかし繰り返すが、この大変化の対象は痴漢事件に限られている。それ以外の分野では旧態依然。足利事件においても、裁判所は、自白を強要した人物や証拠を捏造したであろう人物の追及を不要という。この期に及んでも、再発防止すらしようとはしないのである。

となれば、今後は裁判員裁判の実施をきっかけとして、こうした司法の非常識を何とか突き崩していかなければならない。その成否を握っているのは、司法への世の関心である。裁判員制度の運用状況を含む司法全般についての大きな関心を、世論が持ち続けることが必須となっている。そしてそれができれば、マスコミも追随する。こうして裁判を変えていくことは十分可能であると考える。

そしてそれは、この本の最大のテーマである「行政訴訟」をも変えていくことを意味する。世の中の強い関心によって、不当な行政訴訟の外堀を埋めてしまうのだ。これにより行政全般が大きく改善していく。何としてもこれを夢見たい、いや実現したいのである。

以上

森田義男

平成二十一年七月

参考文献

日本司法の逆説／西川伸一／五月書房
裁判の秘密／山口宏・副島隆彦／洋泉社
裁判のカラクリ／山口宏・副島隆彦／講談社
司法腐敗／山口宏／ PHP 研究所
司法崩壊―あなたが裁判員を強いられる理由／亀井洋志／ WAVE 出版
裁判官が日本を滅ぼす／門田隆将／新潮文庫
修習生って何だろう―司法試験に受かったら／ 21 世紀の司法修習を見つめる会／現代人文社
裁判官になれない理由―司法修習と任官拒否／ネット 46 編／青木書店
司法修習生が見た裁判のウラ側―修習生もびっくり！ 司法の現場から／司法の現実に驚いた 53 期修習生の会／現代人文社
えん罪を生む裁判員制度―陪審裁判の復活に向けて／石松竹雄・土屋公献・伊佐千尋／現代人文社
これでいいのか日本の裁判／佐藤友之／平凡社新書
裁判官はなぜ誤るのか／秋山賢三／岩波新書
薬害はなぜなくならないか―薬の安全のために／浜六郎／日本評論社
誤判を生まない裁判員制度への課題―アメリカ刑事司法改革からの提言／伊藤和子／現代人文社
解説 裁判員法―立法の経緯と課題／池田修／弘文堂
MEMO がとれない―最高裁に挑んだ男たち／ Lawrence Repeta 他／有斐閣
裁判員制度の正体／西野喜一／講談社現代新書
孤高の王国 裁判所―司法の現場から／朝日新聞「孤高の王国」取材班／朝日文庫
裁判を変えよう―市民がつくる司法改革／大出良和・水野邦夫・村和男／日本評論社
説示なしでは裁判員制度は成功しない／五十嵐二葉／現代人文社
司法改革―市民のための司法をめざして／日弁連司法改革実現本部／日本評論社
司法制度改革／佐藤幸治・竹下守夫・井上正仁／有斐閣
裁判所改革のこころ／浅見宣義／現代人文社
日本の裁判／渡辺洋三他／岩波書店
つぶせ！裁判員制度／井上薫／新潮社
これ一冊で裁判員制度がわかる／読売新聞社会部 裁判員制度取材班／中央公論社
名もない顔もない司法／ダニエル・H・フット／ NTT 出版

著者紹介

森田義男

税理士・不動産鑑定士。1948年埼玉県生まれ。1972年三井信託銀行入社。在社16年のうち10年間にわたり不動産業務を担当。1988年退社して森田税務会計事務所開設。不動産の税務評価に関する行政訴訟を多数手がける。

著書に、『新・怒りの「路線価」物語』『新・嘆きの「固定資産税」物語』（共にダイヤモンド社）、『公示価格の破綻』（水曜社）、『はじめての不動産実務入門』（近代セールス社）などがあるほか、雑誌・新聞への執筆も多い。

森田税務会計事務所
TEL03-3219-4871
URL http://www.moritax.jp/

裁判所の大堕落
―冤罪を続発させ役人のいいなりになる腐敗組織

2009年9月11日　第1刷発行

著者　森田義男
発行者　石田伸哉
発行所　株式会社　コスモの本
〒167-0053　東京都杉並区西荻南3-17-16 加藤ビル202
電話　03-5336-9668
FAX　03-5336-9670
URK　http://www.cosmobooks.com
カバーデザイン　トビアス　庄司朋子
印刷・製本　株式会社　シナノパブリッシングプレス

ISBN978-4-906380-87-9　C0036